The First and Last Freedom

# 最初和最终的自由

[印] 克里希那穆提 —— 著　宋颜 —— 译

九州出版社 JIUZHOUPRESS ｜全国百佳图书出版单位

## 图书在版编目（CIP）数据

最初和最终的自由 / （印）克里希那穆提著 ; 宋颜
译. -- 北京 : 九州出版社，2020.9（2024.9重印）
ISBN 978-7-5108-8839-7

Ⅰ. ①最… Ⅱ. ①克… ②宋… Ⅲ. ①哲学思想－印
度－现代 Ⅳ. ①B351.5

中国版本图书馆CIP数据核字（2020）第156484号

Text Copyright© 1954 Krishnamurti Foundation of America
Foreword copyright ©2013 David Skitt
Krishnamurti Foundation of America
P.O.Box 1560, Ojia, California 93024 USA
E-mail: info@ kfa.org. Website: www.kfa.org
著作权合同登记号：图字01-2020-6590

**最初和最终的自由**

| | | |
|---|---|---|
| 作　　者 | ［印］克里希那穆提 著　宋颜 译 | |
| 责任编辑 | 李文君 | |
| 出版发行 | 九州出版社 | |
| 地　　址 | 北京市西城区阜外大街甲 35 号（100037） | |
| 发行电话 | （010）68992190/3/5/6 | |
| 网　　址 | www.jiuzhoupress.com | |
| 印　　刷 | 三河市东方印刷有限公司 | |
| 开　　本 | 880 毫米×1230 毫米 32 开 | |
| 印　　张 | 8.75 | |
| 字　　数 | 200 千字 | |
| 版　　次 | 2020 年 12 月第 1 版 | |
| 印　　次 | 2024 年 9 月第 3 次印刷 | |
| 书　　号 | ISBN 978-7-5108-8839-7 | |
| 定　　价 | 48.00 元 | |

演讲中的克氏（照片由克里希那穆提基金会提供）

# 出版前言

　　克里希那穆提 1895 年生于印度，13 岁时被"通神学会"带到英国训导培养。"通神学会"由西方人士发起，以印度教和佛教经典为基础，而衍生为一个宣扬神灵救世的世界性组织，它相信"世界导师"将再度降临，并且认为克里希那穆提就是这个"世界导师"。而他自己在 30 岁时觉悟内心智慧，否定了"通神学会"的种种谬误。1929 年，为了排除"救世主"的形象，他毅然解散专门为他设立的组织——世界明星社，宣布任何一种约束心灵解放的形式化的宗教、哲学和主张都无法进入真理的国度。

　　克里希那穆提被美国《时代周刊》称为"20 世纪最伟大的五大圣者之一"。他一生在印度和西方世界传播他的精神智慧。别人要加给他上师的尊位，他都一直拒绝。他的思想魅力吸引了世界各地的人们，但是他坚持宣布自己不是宗教权威。他的教诲，主旨在于：要从根本改变社会与人生，必须先改变个人自我的意识。他一直教人进行自我觉察，教人了解"自我"局限、宗教与民族狭隘性制约等等的弊害。他一直指陈打破意识束缚，进入"开放"的极度重要，因为，"脑里广大的空间有着无可想象的能量"。这个广大的空间，正是人的生命创造力的源泉所在。

克里希那穆提一生演讲无数，著述甚多，所有语言归结为一点，"我只教一件事，那就是观察你自己，深入探索你自己，然后加以超越。你不是去了解克的教诲，你只是在了解自己罢了。"他的心要，为世人指明了东西方一切伟大智慧的精髓——认识你自己。

他一直对世人讲话，直到 1986 年过世，享年 90 岁。他的言论、日记、书简集结成 60 册以上的著作。

克里希那穆提系列作品得到台湾著名作家胡因梦女士倾情推荐，在此谨表谢忱。

九州出版社

# 目录

## 第一部分　我们在寻求什么

# PART 01

我们在寻求什么

# 引言

　　真相无法靠别人给你。你必须自己去发现它。

　　与人交流，即使是很熟的朋友，也相当困难。相同的措辞，对你我可能有着不同的意义。我们，你和我，如果在同一时间同一层面上交会，就能彼此了解。但只有当人与人之间、夫妻之间、亲密的朋友之间有着真正的情谊，才有那样的交会。那是真正的交流。即刻的了解产生于同一时间同一层面的交会。

　　与他人轻松、有效地交流，并促成确定的行动，是非常困难的。我现在使用的词语都是简单的，不是专业术语，因为我认为任何专业性的表达都无助于解决我们的难题；所以我不会使用任何专业术语，不管是心理学术语，还是科学术语。幸运的是，我没读过任何心理学或宗教书籍。我会用非常简单的日常用语来传达深入的意思，不过你要是不懂如何倾听，事情就难办了。

　　倾听是有艺术的。要真能倾听，必须舍弃或放下所有的偏见、预设和日常活动。当你的心处于接纳的状态，就能轻松了解事物；当你真心关注事物时，你就是在倾听。但不幸的是，大多数人听东西时都心怀抗拒。

我们被偏见遮蔽了，不管是宗教、灵性上的偏见，还是心理学、科学上的偏见；我们也常被日常生活中的忧虑、欲望和恐惧所遮蔽。我们听东西时，就带着这些屏障。因此我们真正听到的，是自己的噪声、自己的声音，而不是别人所讲的。要抛开我们的惯性、偏见、嗜好、抗拒去听，并超越字面的表达，得到即刻的了解，那是相当困难的。那将是我们面临的困难之一。

在这次谈话中，我所讲的任何东西如果有违你的思考和信仰方式，听就好，不要抗拒。你也许是对的，而我也许是错的；但通过一起倾听和思考，我们会发现什么是真相。真相无法靠别人给你。你必须自己去发现它。要有所发现，就必须直接感知。如果存在抗拒、防卫和保护，就无法直接感知。了解来自对实情的觉察。切实地了解实情、真相、现状，不解释、不谴责、不辩护，这无疑就是智慧的开端。只有当我们根据自身的制约和偏见开始解读、转述时，才会错过真相。说到底，这就像做研究。要想知道某个东西，一探究竟，就需要研究——你不能凭心情好坏去解读。同样地，如果我们能观察、倾听、切实地认识实情，问题就会解决。这就是我们在所有的谈话中要做的事。我会向你指出实情，但不是凭我的想象解读；你也不要根据自己的成长或受教育背景来解读它。

那么，如实认识一切是否可能？我们从这个问题出发，无疑就能有所了解。对实情的承认、认识和了解，结束了挣扎。如果我清楚自己是个骗子，并且已承认这个事实，挣扎就结束了。意识到自己的真实状况，直接承认，就已是智慧的开端、了解的开端，它将把你从时间中解放出来。引入"时间"——不是指用于计时的时间，而是指作为手段，作为心理过程、心智过程的时间——会坏事，会生惑。

所以，如果我们承认实情，对它不谴责、不辩护、不界定，就能够了解它。清楚自己处于某种状况、某种情形之中，就已开始了解放。但一个人如果对自己的状况、自己的挣扎没有意识，只一味想成为别的什么，就会形成习惯。所以，要记住，我们想要查看实情，想要观察并了解真正的事实，不要发表观点，不要进行解读。要觉察并追踪实情，需要极其机敏的头脑、极其柔韧的心灵。因为实情在不停地变动，不停地经历着转化，如果头脑受困于信仰和知识，它就会止步不前，不再追踪实情的瞬息万变。显然实情不是静态的——它在不停地变动，你若密切观察，就会发现这一点。要追踪它，需要非常机敏的头脑和柔韧的心灵，而如果你思想僵化，固守某种信仰、偏见或身份认同，一切就免谈。干枯的头脑和心灵无法轻盈迅捷地追踪事实。

无须太多讨论，无须过多表述，我想我们已意识到，混乱、困惑和痛苦纠缠着个体和大众。不只印度如此，全世界都一样。美国、英国、德国，整个世界都充斥着困惑和日益增长的悲伤。不只是某个国家如此，不只是这里如此，全世界都这样。苦难肆虐，并非个别现象，而是普世皆然。所以，这是个世界性的大灾难，如果只认为是某个地域、地图上某个色块的问题，无疑是荒谬的，因为那样一来，我们就理解不了这个既是世界的也是个体的苦难的全部意义。意识到这样的乱局，我们今天要做何反应？我们会怎样回应？

社会上，政治上，宗教上，处处有苦难。我们的整个心理状态困惑重重，所有的领袖，政治领袖、宗教领袖，都已令我们失望；所有的书籍失去了它们的意义。也许你会去找《薄伽梵歌》或《圣经》，或最新的政治学、心理学专著，你会发现它们已丢失了本义，丢失了真理的品质，不过徒具辞藻。重复诵读那些格言警句，但你本身却困惑而迟疑，只是鹦鹉学舌是传达不了任何东西的。因此，语言和书籍失去了它们的价值。也就是说，如果你引用《圣经》或《薄伽梵歌》，因为你这个引用的人本身是迟疑的、困惑的，你的引用就沦为了谎言；因为写成文字的那些东西只是一番宣传，而宣传的东西并不是真相。所以你复述的时候，就不再去了解自身的状况。你只是用权威的论调掩饰自身的困惑。然而我们想要做的，是去了解这种困惑，而不是用名言掩饰它。那么你要怎样回应？你要怎样回应这深重的混乱、困惑和生存的不安？在我讨论的时候，去觉察它，去追踪，但不是追踪我讲的话，而是追踪你脑子里涌动的念头。我们大多数人习惯做旁观者，而不是积极参与进来。我们看书，却从来不写。做旁观者，看足球比赛，看政客和公共演说家的表演。这已成为我们的传统，成为全民族全世界的习惯。我们只是局外人，袖手旁观，我们失去了原创的能力。所以，我们要去理解并参与进来。

但如果你只是旁观，只做旁观者，就完全失去了这次交流的意义，因为这不是你平常听的那种讲座。我要给你的不是知识，那些你可以去查阅百科全书而获得的东西。我们想要做的，是追踪每个人的思想、暗示、情感的反应，追踪到足够深、足够广。所以，请弄清楚你自己对这原因、这苦难的反应，不用管别人的话，弄清楚你自己怎样反应就好。如果你从这困顿、混乱中获益，如果你从中捞到好处——不管是经济上、社会上、政治上，还是心理上的好处，你就会对此漠不关心。因此你不在乎这种混乱是否持续。显然，世界越糟越乱，我们就越热衷于寻求安全。你没注意到吗？当世界乱糟糟一片，你就把自己封闭于某种安全之中，也许是一个银行账户，也许是一种意识形态。要不然你就去祈祷，去求神拜佛——实际上那是在逃避世界的真相。整个世界，形成了越来越多的宗派，冒出了越来越多的"主义"。因为困惑越多，你就越渴望一位导师，一个会引领你走出混乱的人，于是你求助于宗教书籍或某个最新的导师；要不然就以某个体系为行动准则，一个似乎能解决问题的体系，一个要么是左派要么是右派的体系。那就是实际的现状。

一旦意识到困惑，意识到实情，你就想逃开。那些宗派，经济上、社会上、宗教上的各派，提供给你解决苦难的体系，它们是最具有危害性的；因为那时候往往是体系变得重要了，而不是人——不管它是宗教体系，还是左派、右派的体系。体系变得重要了，哲学、观念变得重要了，而不是人变得重要；为了那个观念，为了那个意识形态，你们愿意牺牲整个人类，这正是世界的现状。这并不是我的解读，如果去观察，你会发现那正是如今的现实——体系变得重要了。因此，既然体系变得重要，那么人，你和我，就变得无足轻重。而那体系的控制者，不管是宗教体系还是社会体系，不管是左派的体系还是右派的体系，他们位高权重，因此会牺牲你，牺牲个人。那正是实际的现状。

那么，造成这种困惑和痛苦的原因是什么？这种痛苦是怎样形成的？这种内在和外在的苦痛，这种对战争、对即将爆发的第三次世界大战的恐惧和期待？① 造成这一切的原因何在？无疑那意味着整个道德和灵性价值的崩塌，意味着对一切感官价值的鼓吹，对一切人造之物的价值的鼓吹。如果除了感官的价值，除了一切人造产品的价值、机器的价值，我们就一无所有了，那会怎样？越重视感官价值，困惑就越深重，不是吗？再说一下，这并非我的理论。要弄明白你的价值和财富、你的经济和社

---

① 本书成书于 20 世纪 50 年代，这里指当时人们的恐惧。——编者注

会存在都建立在人造产品的基础上，这并不需要寻章摘句。所以我们生存、运作，把我们整个的生活陷溺于感官价值中，这也就是说人造之物、头脑和手工制造的物品、机器变得重要了，当物品变得重要，信仰就变得举足轻重——这正是世界的现状，不是吗？

因此，对感官价值的日益看重，造成了困惑；陷于困惑之中，我们试图通过各种形式来逃避它，不管是宗教的、经济的还是社会的途径，或是通过野心、通过权力、通过追寻真理的方式。但真相近在眼前，不必追寻；追求真相的人永远也找不到真相。真相就在实情之中——那正是它的美。然而一旦去构想它，追寻它，你就开始了挣扎；一个挣扎的人无法了解真相。这就是为什么我们必须安然不动，敏于观察，被动地觉知。我们看到，我们的生活、我们的行动总是处于破坏之中，总是处于悲伤之中；困惑和混乱，就像一波大浪，总是把我们席卷而去。生活在困惑中的我们，一刻不得喘息。

现在，不管我们做什么，似乎都只是引起混乱，引起悲伤和苦恼。看看你自己的生活，你会发现我们的生活总是处在悲伤的边缘。我们的工作，我们的社会活动，我们的政治，各种阻止战争的国家联盟，全都在引发更多的战争。破坏尾随着生活，那就是正在发生的事实。

我们可以立即停止这样的痛苦，可以不要总是被困惑和悲伤的浪头袭中吗？伟大的导师们，不管是佛陀还是基督，他们来过世间，接受信仰，可能让自己解脱了困惑和悲伤。但他们从未阻止悲伤，从未停止困惑。困惑在继续，悲伤在继续。如果你，看到这社会的、经济的乱局，看到这混乱、这痛苦，遁入所谓的宗教生活，弃世修行，你也许会感觉自己正在加入这些伟大导师们的行列；但世界继续它的混乱、痛苦和破坏，富人和穷人们继续无尽的痛苦。所以，我们的问题、你我的问题就是，我们是否能立即踏出这痛苦。生活在这个世界，如果你拒绝成为它的一部分，你就会帮助他人脱离这混乱——不是将来，不是明天，就在此时此刻。这无疑就是我们的问题。也许战争就要来临，破坏力更强，样子更可怕。显然我们阻止不了它，因为事情太过强大，太过紧迫了。但你我可以立即注意到混乱和痛苦，不是吗？我们必须注意到它们，然后就能在别人身上唤醒对真相的共同了解。换句话说，你可以即刻自由吗？——因为那是从痛苦中解脱的唯一之道。领悟只能发生在当下，但如果你说，"我明天再做"，困惑的浪头就会击中你，你会永远陷于困惑之中。

那么，有没有可能你即刻觉察到真相，因而结束困惑？我认为是可能的，而且这是唯一可能的方式。我认为可以做到而且必须做到，这并非基于假设或信仰。实现这重大的革命——不是清除某个阶级、建立另一集团的革命——实现这一伟大的变革，即真正的革命，就是问题所在。[①]一般所谓的革命只是改良，或是打着左派的旗帜继续右派的本质。左派，说到底，就是右派的改头换面。如果右派基于感官价值，左派就是相同感官价值的继续，无非程度或表现形式不同。因此，只有当你，一个个体，敏于觉察你和他人的关系，真正的革命才会发生。显然，你与他人的关系，你与妻子、孩子、老板、邻居的关系，你在这些关系中的真实状态，即是社会。社会本身并不存在。社会是你和我在我们的关系中创造出来的；它是我们全部内在心理状态的外在投射。所以，如果你我不能了解自身，

---

① 在克氏作品中，"革命"一词是广义上的，尤其指心理上的巨大转变。——编者注

只是改变外部世界，即改变内在世界的投射，是毫无意义的。也就是说，只要我不了解自己与你的关系，就不可能有意义深远的社会变革。我在关系中困惑不解，我就制造出一个社会，它是我自身的复制品，是我实际状态的外在表现。这是显而易见的事实，我们可以来讨论讨论，是社会这个外象造就了我，还是我造就了社会。

因此，我与他人的关系，我在关系中的表现，造就了社会，这不是明显的事实吗？不彻底转变自我，就不可能转变社会的基本功能。指望某个体系来转变社会，只是在逃避问题。因为体系无法改变人；相反，总是人改变体系，历史已证明了这一点。直到我在我与你的关系中了解自己，了解自己就是混乱、痛苦、破坏、恐惧和残酷的肇因，只有明白这一点，才有转变的可能。了解自己并不是时间问题，我可以在这一刻就了解自己。如果我说"我明天将会了解自己"，我就是在引入混乱和痛苦，我的行动就会造成破坏。当我说我"将会"了解，就引入了时间元素，就已陷入了困惑和破坏的洪流中。了解是即刻的，不在明天。"明天"是懒惰、迟钝的心的托词，那样的心其实没兴趣了解自己。如果你对某件事感兴趣，你会立马行动，你会有即刻的了解、即刻的转变。如果你现在不改变，你就永远不会改变，因为发生在明天的变化只是一种改头换面，并非彻底的转变。彻底的转变只能即刻发生；革命就在此刻，不在明天。

当真正的转变发生，你就完全没有问题了，因为那时，自我不再担心自己；那时，没有什么可以毁坏你。

# 我们在寻求什么

在这个躁动不安的世界，每个人都试图寻找某种安宁、某种幸福、一个避难所。

我们大多数人在寻求的是什么？我们每个人想要的是什么？尤其是在这个躁动不安的世界，每个人都试图寻找某种安宁、某种幸福、一个避难所。我们试图寻求的是什么？我们试图发现的是什么？显然，弄清楚这个问题是重要的，不是吗？也许大多数人在寻求某种幸福、某种安宁；世界充斥着混乱、战争、争端和冲突，我们想要一个可以给我们带来一些安宁的避难所。我认为，那就是我们大多数人想要的。因此，我们追随一个又一个领袖，追随一个又一个宗教组织，追随一个又一个导师。

那么，我们是在寻求幸福吗？还是在寻求某种满足，希望从中获得幸福？幸福和满足是不同的。幸福可以寻求吗？满足也许找得到，但幸福显然无处可觅。幸福是个派生物，它是别的东西的副产品。那东西需要我们投入极大的热诚、思考和关注，所以在一头扎进去之前，必须弄清楚我们在寻求的是什么，是幸福还是满足，这很有必要，不是吗？恐怕大多数人孜孜以求的不过是满足。我们想要被满足，想要在寻觅的终点找到某种圆满的感觉。

　　毕竟，如果你寻求的是安宁，很容易就能找到。你可以盲目地投身于某个事业、某个信念，在其中安身立命。但显然那解决不了问题。只是用某个封闭的信念隔绝自己，并不能免于冲突。所以，必须弄清楚，在内心以及外在，我们每个人想要的是什么。必须弄清楚这一点，不是吗？如果这件事弄清楚了，我们就不必去任何地方，不必找任何导师、任何教堂、任何组织。因此，困难就在于弄清楚我们内心的意图，不是吗？能弄清楚吗？弄清楚它需要上下求索吗？需要去听别人说些什么吗，从最顶尖的导师到附近教堂最普通的牧师？需要求助于别人才能弄清楚吗？然而这就是我们正在做的，不是吗？我们阅书无数，参加大量的会议和讨论，加入各种组织——试图由此找到解决生活中的冲突和痛苦的秘方。或者，如果我们不做那一切事情，是因为我们以为自己已经找到了。也就是说，某个组织、某个导师、某本书让我们心满意足了，我们在其中找到了想要的一切；我们滞留其中，固化和封闭起来。

　　历经这种种困惑，我们不是在寻求某种永恒的、长久的东西吗？某个被我们称为真相、上帝、真理的东西，随你怎么叫——名字并不重要，显然那个名词并不是那个东西。所以我们不要受困于字词。让那些职业演说家们去咬文嚼字吧。我们大多数人内心在寻求某种永恒的东西——某种我们可以紧抓不放的东西，某种会带给我们保障、希望、长久的热情、长久的安定的东西，因为我们内心是如此不安。我们不了解自己。我们知道很多书本上描述的事情；但我们并不是亲自去了解的，我们没有直接的经验。

　　我们所谓的永恒是什么？我们孜孜以求的，会带来永恒，或者希望能带来永恒的东西是什么？我们不是在寻求长久的幸福、长久的满足、长久的安定吗？我们想要某种永垂不朽的东西，会满足我们的东西。如果剥除一切语言文字，实实在在看这个问题，那就是我们想要的。我们想要永恒的快乐、永恒的满足——也就是我们所谓的真理、上帝或不管什么名字。

是的，我们想要快乐。这么说也许很直白，但我们实际想要的就是这个——知识会带来快乐，经验会带来快乐，那快乐是一种在明天之前不会消逝的满足。我们体验过种种满足，它们都烟消云散了；现在我们希望在真相中、在上帝中找到永恒的满足。无疑，那就是我们都在寻求的东西——聪明人和傻瓜，理论家和在拼命奋斗的实干家都在寻求的东西。有永恒的满足这回事吗？有什么会永垂不朽吗？

如果你寻求的是永恒的满足，你称之为上帝、真相什么的——名字并不重要——显然你必须了解你在寻求的那个东西。如果你说"我在寻求永恒的快乐"——上帝、真理什么的——你不是也必须了解在追寻的那个主体，那个追寻者、寻求者吗？因为有可能并没有永恒的安全、永恒的快乐这种东西。真相也许完全不是这么回事；我认为它跟你所看到的、了解的、构想的完全不一样。因此，在我们寻求永恒之物前，来了解一下寻求者不是很有必要吗？寻求者有别于他寻求的东西吗？如果你说"我在寻求快乐"，那个寻求者有别于他在寻求的对象吗？思考者有别于他的思想吗？难道它们不是一个相伴相生的现象，而并非两个单独的过程吗？因此，在你想弄清楚寻求者在寻求什么之前，不是有必要先了解那个寻求者吗？

所以，如果我们真正热切、深刻地扪心自问，就得来想想这个问题——安宁、幸福、真相、上帝什么的，是否能够由别人带给我们？这无尽的寻觅和渴望，能带来那种非凡的真实感、那种创造性的状态吗？那种只有我们真正了解了自己才会产生的状态？认识自我需要通过寻觅求索、通过追随别人、通过归属某个特定的组织、通过阅读等等来达到吗？说到底，那就是最重要的问题，也就是只要不了解自己，我的思考就没有根基，我的一切追寻都将徒劳无功，不是吗？我可以遁入幻觉，可以逃避争端、冲突和挣扎，可以崇拜别人，可以通过别人来寻求救赎。但只要我对自己一无所知，对自我的整个过程没有觉察，我的思考、情感和行动就是没有根基的。

然而，那是我们最不想做的事情：认识自己。显然那是我们可以有所创建的唯一基础。不过，在我们可以创建之前，在我们可以转变之前，在我们可以谴责或破坏之前，我们必须了解自己的真实状况。出去寻道，更换导师和古鲁①，练习瑜伽和呼吸，举行仪式，追随大师，如此等等，这一切完全没用，不是吗？这些都没有意义，即使我们追随的那个人可能会说："探究你自己。"因为我们怎样，世界就怎样。如果我们琐碎、嫉妒、虚荣、贪婪——那就是我们在周遭制造的现状，那就是我们所处的社会。

在我看来，在出发寻找真相、寻找上帝之前，在行动之前，在与他人形成任何关系即社会之前，我们有必要先开始了解自己。我认为，最关心这件事、视之为头等大事，却不关心如何达到某个目标的人才是最真诚的人；因为如果你我不了解自己，我们如何能在行动中实现社会的转变、关系的转变？如何能转变我们所做的任何事？当然，这并不意味着自我认识与关系是对立的，或是脱离关系的。当然，这也并不意味着

① 古鲁：上师。——译者注

强调个人，强调自我，而反对大众，反对他人。

不了解自己，不了解自己的思考方式，不了解为什么你思考某些事情，不了解你的制约背景，不了解为什么你抱持某些艺术和宗教方面的信仰，为什么你对你的国家、你的邻居和你自己抱持某些信念，你怎么能真正思考任何东西？不了解你的背景，不了解你的思想的实质和来源——你的寻求显然完全是徒劳的，你的行动没有意义，不是吗？不管你是美国人还是印度人，不管你信仰什么宗教，这些都没有意义。

在弄清楚生命的终极意义之前，在弄清楚这一切——战争、民族对抗、冲突、整个乱局——意味着什么之前，我们必须从自己开始，不是吗？听起来很简单，但实际相当困难。要追踪我们自己，要看到我们的思想如何运作，必须相当警觉。这样，随着我们对自身的思想、反应和情感的错综复杂越来越警觉，觉察力也就越来越强，不仅对自己的觉察力增强，而且对关系中的他人的觉察力也越来越强。认识自己，是在行动中也就是在关系中探究自己。困难在于，我们太没有耐心了；我们想要进展，想要达成目标，所以我们既没有时间也没有空间给自己一个探究、观察的机会。我们陷入各种责任义务——挣钱谋生、养儿育女，或者在各种组织中承担着某些责任；我们受困于形形色色的责任，以致几乎没有时间去反观自己，去观察，去探究。所以，做出反应的责任真的取决于我们自己，而不是别人。满世界追随古鲁以及他们的体系，阅读讲述这个或那个的最新书籍，如此等等，这一切在我看来都无比空洞，完全徒劳，因为你也许走遍地球，但最终还是要回到自己。由于我们大多数人对自己毫无觉知，要开始清楚地观察我们的思考、感情和行为的过程，是相当困难的。

你越了解自己，就会看得越清晰。认识自己是没有终点的——你不会得到一个成果，你不会得出一个结论。那是一条无尽的长河。随着你探究它，探究得越来越深，你就会找到平静。只有当心平静时——通过认识自己，而不是通过强加的自律——只有那时，在那平静中，在那寂静中，真相才能出现。只有那时，才可能有极度的喜悦，才可能有创造性的行动。在我看来，没有这样的领悟，没有这样的经验，只是读书、参加演讲、传道宣教，都是非常幼稚的——都是没有多少意义的活动。然而，如果我们能了解自己，并因而带来那创造性的幸福，体验那与头脑无关的境界，那时，也许就可能在切近的关系中实现转变，并转变我们所生活的这个世界。

# 个体与社会

个体只是社会的工具，是任意塑造、影响的玩物，还是社会是为了个体而存在的？

我们大多数人遇到的一个问题是，个体只是社会的工具，还是社会的目标？你我，是被社会和政府利用、引导、教育、控制、塑造成特定模式的个体；还是社会和国家是为了个体而存在的？个体是社会的目标，还是仅仅是个被教导、被剥削的木偶，是个可任意宰割的战争机器？那就是我们大多数人遇到的问题。那是世界的问题：个体只是社会的工具，是任意塑造、影响的玩物，还是社会是为了个体而存在的。

怎么弄清楚这个问题？这是个严肃的问题，不是吗？如果个体只是社会的工具，那么社会就比个体重要得多。如果真是如此，那我们就必须放弃个人主义并为社会服务；我们整个的教育体系就必须彻底革新，而个体就成了一个可利用、可毁灭、可压榨、可遗弃的工具。但如果社会是为了个体而存在的，那么社会的功能就不是要求个体遵循任何规范，而是给他获取自由的热情和动力。所以我们得弄清楚孰真孰假。

你会怎样探究这个问题？这是个至关重要的问题，不是吗？它不取决于任何一种意识形态，不管是左派的意识形态，还是右派的意识形态；如果它取决于意识形态，那它就只是观点不同的问题。观念总是滋生敌对、困惑和冲突。如果你依赖左派或右派的书籍或者宗教经典，那你就只是在依赖观点，不管是佛陀的观点、基督的观点，还是别的什么。它们都只是观念，不是真理。事实永远不能被否定，但关于事实的观点可以被否定。如果我们能发现事情的真相是什么，就能脱离观点独立行动。这么一来，抛弃他人的说法不是很有必要吗？左翼的观点或其他领袖的观点，是他们自身的制约的产物，所以，如果依赖从书里找到的东西去发现真相，你就会被观点所束缚。这个事情与知识无关。

要怎样发现这个问题的真相？那将是我们行动的根基。要发现这个问题的真相，我们必须从所有的宣教中解脱，那意味着你能跳出所有的观点，独立观察问题。教育的全部任务就是唤醒个体。要看到这个问题的真相，你要内心洞明，这意味着你不能依赖某个领袖。如果你选择某个领袖，想借此摆脱困惑，那么你的领袖也是困惑的，而这正是世界的现状。因此，不能指望你的领袖来指导你或帮助你。

要了解问题，不但要了解得全面、透彻，还要能密切追踪、灵活应变，因为问题总是在变。问题总是崭新的，不管是饥饿问题、心理问题，还是其他什么问题。任何危机总是崭新的，因此，要了解它，在追踪问题时，我们的头脑必须始终处于新鲜、清晰、敏捷的状态。我想，大多数人已认识内在革命的迫在眉睫，只有内在的革命才能带动外在社会的根本变革。这是我个人以及所有严肃大众共同关心的问题。怎样实现社会根本的、彻底的转变，这就是我们的问题；而没有内在的革命，这样的外部转变就不可能发生。因为社会总是停滞不前，没有内在革命，任何行动、任何改革会变得同样停滞不前；所以，没有这样不断的内在革命，就没有希望，因为，没有它，外在的行动就会陷入重复和惯性。你和他人，你和我，彼此在关系中的互动，就是社会；只要没有这样不断的内在革命，没有具有创造性的心理转变，社会就会变得停滞不前，失去鼓舞人心的品质。这是因为，没有这样持续不断的内在革命，社会总是会变得停滞不前，结晶硬化，因而不断地解体。

那些你内心和你周遭的痛苦和困惑，你与它们有着怎样的关系？显然，那些困惑、那些痛苦不是自动产生的。你和我制造了它，不是某个资本主义或者法西斯主义的社会制造了它，而是你和我在彼此的关系中制造了这一切。你内在的状态投射到外部，投射到世界；你的实际状态，你的思考和感觉方式，你在日常生活中的所作所为，这一切投射到外部，构成了世界。我们内在的痛苦、困惑、混乱，如果那一切经过投射，就变成了世界，变成了社会，因为社会就是我和你的关系，就是我和他人的关系——社会是我们的关系的产物。如果我们的关系是困惑的、自我中心的、狭隘的、局限的、民族主义的，我们就把那一切投射到世界，把它弄得乱七八糟。

你怎样，世界就怎样。所以你的问题就是世界的问题。显然，这是一个简单而基本的事实，不是吗？在我们和一个人或多个人的关系中，我们似乎一直忽视了这一点。我们试图通过某个体系或基于某个体系的观念革命或价值革命带来变化，我们忘了正是你和我制造了这个社会，正是我们通过我们的生活方式造成了世界的失序或秩序。因此，我们必须从近处开始，也就是说，我们必须关注我们在日常生活中的思想、情感和行为，那一切会在我们的谋生方式、在我们与观念或信仰的关系上体现出来。那就是我们的日常生活，不是吗？我们关心谋生、工作、赚钱，我们关心我们与家庭、邻居的关系，我们关心观念、关心信仰。那么，如果检视我们的职业，根本上它的底子是嫉妒，并非单纯为了谋生。社会就是这样被建构的，那是一个无尽的冲突的过程，一个不停地想要成为什么的过程。贪婪和嫉妒就是它的底子，嫉妒你的上司。职员想要成为经理，这表明他并不只是关心谋生，不只是关心生计，他还想要谋取地位和名望。这种态度自然给社会和关系造成了严重的破坏，但如果你和我只是单纯地关心谋生，就会找到正确的谋生方式，一种不是基于嫉妒的方式。嫉妒是关系中最具破坏性的因素之一，因为嫉妒意味着对权力和地位的渴望，这就是政治最初的肇因，两者是紧密关联的。当一个职员想要成为经理，成为权力政治形成的一个因素，而权力政治正是制造战争的祸端，那么他就要直接为战争负责。

我们的关系建立在什么之上？你和我之间的关系、你和他人之间的关系——也就是社会，建立在什么基础上？显然不是爱，虽然我们嘴不离爱。它不是建立在爱之上的，因为如果有爱，就会有秩序，就会有你我之间的和谐和幸福。但在你和我的关系中，存在着很深的敌意，虽然表面上互相尊敬。如果我们双方在思想和情感上是平等的，就不会有敬意，也不会有敌意，因为我们是两个相遇的个体，不是门徒和老师的关系，也不是丈夫支配妻子或妻子支配丈夫的那种关系。有敌意，就会有支配的欲望，就会引起嫉妒、愤怒和痛苦，这一切在我们的关系中制造了无尽的冲突。我们试图逃避那些冲突，却制造了更多的混乱、更深的痛苦。

考虑到观念是我们日常生活的一部分，我想说，信仰和构想不正在扭曲我们的头脑吗？因为愚蠢是什么？愚蠢就是错误地重视那些由头脑或手工制造的东西。我们大部分的思想都源于自我保护的本能，不是吗？我们的观念，真是多啊！它们不是被赋予了错误的价值吗，那些它们并不具备的价值？因此，如果我们信仰任何东西，不管是宗教、经济还是社会方面的信仰，如果我们信仰上帝，信仰某种思想，信仰一个造成人心疏离的社会体系，信仰民族主义等，我们就给信仰赋予了错误的价值，这就是愚蠢。所以我们看到，通过我们的生活方式，我们可以制造秩序或混乱、和平或冲突、幸福或痛苦。

所以我们的问题就是，一个停滞不前的社会和内心持续革命的个体可能同时存在吗？其实意思就是，社会革命必须始于个体内在的心理转变。我们大多数人想要看到社会结构的根本变革。世界已全力投入这场战斗——通过各种方式来实现社会革命。如果有一场社会革命，那是一场与人类的外部结构有关的行动，如果没有个体的内在革命，没有心理上的转变，不管那革命多么彻底，其本质仍是停滞的。因此，要产生一个跳脱惯性、跳脱停滞与瓦解的社会，一个生生不息的社会，个体就必须在心理结构上来一场革命，因为没有内在的心理革命，只是改变外部世界，几乎是没有意义的。也就是说，社会总是会僵化、停滞，因此总是在瓦解。不管颁布多少法律，不管那些法律多么高明，社会始终在衰败中，因为革命必须发生在内心，而不仅仅停留在外部。

我认为了解这一点很重要，我们不能轻描淡写地回避。外在的行动，一旦完成就结束了、停滞了，如果个体之间的关系，即社会，不是内在革命的产物，那么停滞僵化的社会结构就会吸纳个体，把他们也变得同样停滞、重复。认识到这一点，认识到这个事实的深刻意义，就不会有同意不同意的问题。社会一直在僵化，一直在吸纳个体，而那持续不断的、创造性的革命只能发生在个体内心，而不是发生在社会、外部世界中。也就是说，创造性的革命只能发生在个体的关系中，那个体关系就是社会。我们看到，在印度、欧洲、美国，在世界上的任何地方，当前的社会结构正在急速地瓦解。[①] 我们从自己的生活中就能知道这一点。我们走上街头就能观察到，用不着大历史学家来告诉我们社会正在崩溃。因而，必须有新的建筑师、新的建造者，来创建一个新的社会。整个结构必须建立在一个新的基础上，建立在新发现的事实和价值上。目前还不存在这样的建筑师。没有建造者，没有人观察到、意识到整个结构在崩塌的事实，没有人在使自己转化成建筑师。那就是我们的问题。我们看到社会在崩溃，在瓦解；我们，你和我，必须要成为建筑师。你和我必须重新发现价值，在一个更本质、更持久的基础上进行重建。因为，如果我们指望专业的建筑师，指望政治和宗教上的建筑师，我们就落入了与以前一样的境地。

因为你和我没有创造性，我们让社会陷入了这样的乱局。所以你和我要有创造性，因为问题迫在眉睫。你和我必须意识到社会崩溃的原因，必须创建一个新的社会结构，它不是建立在模仿之上，而是建立在我们创造性的理解之上。这意味着一种逆向思维，不是吗？逆向思维是了解的最高形式。也就是说，要了解什么是创造性思维，我们必须逆向着手问题，因为正面处理问题——即为了建立一个新的社会结构，你我必须变得具有创造性——就会陷入模仿。要了解那个正在崩溃的东西，我们必须逆向观察它、研究它——而不是借助一个正面的体系、一个正面的模式和正面的结论。

----

① 本书成书于20世纪50年代，这里指的是当时的社会状况。——编者注

为什么社会在崩溃，在坍塌？一切显而易见。其中最根本的原因之一就是，个体，你，已不再具有创造性。我会解释这一点。你和我已变得只会模仿，我们的外在和内在都在复制。在外在的事情上，在学习一门技术时，很自然一定会有某种程度的模仿和复制。与他人在语言层面上进行沟通时，我复制语言文字；要成为工程师，我必须先学习技术，然后使用技术建造桥梁。在外在的技术层面，必定存在着某种程度的模仿和复制，但如果内心存在心理上的模仿，显然我们就不再具有创造性。我们的教育，我们的社会结构，我们所谓的宗教生活，全部建立在模仿之上。也就是说，我适应某个特定的社会模式或宗教模式。我已不再是一个真正的个体，在心理层面，我已变成一个有着某些特定的反应、只会模仿的机器；不管是印度人、基督教徒、佛教徒还是德国人、英国人，莫不如此。我们的反应被社会规范制约了，不管是东方的规范还是西方的规范，不管是宗教的规范还是物质主义的规范。所以，社会瓦解的根本原因之一就是模仿，另一个因素是领袖，其本质也是模仿。

要了解社会瓦解的本质，问一问我们自己，你我作为个体，能够具有创造性吗？这样扪心自问不是很重要吗？我们可以看到，有模仿，就必会瓦解；存在权威，就必然存在复制。由于我们的整个智力和心理结构建立在权威之上，我们就必须从权威中解脱，必须具有创造性。你没有注意到吗，那些兴致盎然、非常幸福的时刻，是没有重复的感觉的，是没有模仿的感觉的？那样的时刻永远是崭新的、鲜美的、创造性的、幸福的。所以我们看到了，社会瓦解的根本原因之一就是复制，即权威崇拜。

# 自我认识

你和我就是问题所在，而不是世界，因为世界就是我们自身的投射。

世界的问题太大，太复杂，要了解并进而解决它们，必须采用非常简单直接的方式。简单，直接，不依赖外部的环境，也不依赖我们特定的偏见和情绪。我已经指出过，召开大会、描绘蓝图或用新领袖取代旧的，如此等等，都是无法找到解决办法的。显然，解决的办法就在制造问题的人身上，就在制造祸端、引起人与人之间的仇恨以及深深误解的人身上。制造这些祸端的，制造这些问题的，就是个人，就是你和我，而不是我们以为的世界。世界就是你和他人的关系。世界不是某个独立于你我的东西；世界，社会，就是我们所建构或试图建构的人与人之间的关系。

所以，你和我就是问题所在，而不是世界，因为世界就是我们自身的投射。要了解世界，必须了解我们自己。世界不是独立于我们存在的；我们就是世界，而我们的问题就是世界的问题。这一点怎么强调都不为过，因为我们的心智太迟钝了，我们以为世界的问题不关我们的事，我们以为那些问题必须由联合国来解决，或者必须通过新领袖取代旧领袖来解决。这样思考的心智是非常迟钝的，因为是我们造成了这个世界上惊人的苦难和混乱，造成了这永远迫在眉睫的战争。要转变世界，我们必须从自身开始；从自身开始的关键在于意图。意图必须是了解我们自己，而不是要别人去转变他们自己，也不是通过左派或右派的革命做一些改良。要认识到这是我们的责任，是你的责任、我的责任，了解这一点非常重要。因为，不管我们所生活的世界有多小，如果我们能转变自己，能在日常生活中彻底转变观念，也许我们就能影响整个世界，在大范围内影响我们与他人的关系。

我说过，我们要设法弄清楚了解自我的过程，那并不是一个孤立的过程。了解自我不是要你遗世独立，因为孤立生活是不可能的。生活就是产生关系，并没有孤立生活这回事。正是因为缺乏正确的关系才导致了冲突、痛苦和争端。不管我们的世界多么小，如果我们能在那个狭小的世界中转变我们的关系，它就会像波浪一样一直向外扩展。我认为看到这一点是非常重要的，即世界就是我们的关系，不管多么狭小；如果我们能在那里产生转变，不是一种表面的变化而是根本的转变，那么我们就开始积极转变世界了。真正的革命不以任何模式为准则，不管是左派的模式还是右派的模式，它是一种价值革命，一种从感官价值到非感官价值的革命，一种不是由环境影响形成的价值革命。要找到这些真正的价值，这些能带来彻底的革命、转变或新生的价值，就必须了解我们自己。自我认识是智慧的开端，因此也是转变或新生的开端。要了解自己，就必须有了解的意愿——那正是我们的困难所在。虽然大多数人都心怀不满，但我们却期望突然的改变，我们的不满被轻易疏导，只为达到某个目标；心怀不满时，我们不是去找份别的工作，就是干脆屈服于环境。不满没有点燃我们内心的火焰，促使我们质疑生活、质疑生存的整个过程，它被疏导了，我们变得庸碌无为，丧失了那份动力、那份强度去弄清楚生存的全部意义。因此，亲自来发现这些事情是很重要的，因为对自我的认识无法由别人恩赐，也无法从任何书本中找到。我们必须去发现，要发现，就必须有这个意愿，必须去探究，去质疑。只要那个深度探究、弄个水落石出的意愿不强或根本没有，只是嘴上说说或偶尔心血来潮要发现自己，那是没有什么意义的。

因此，世界的转变要由自我的转变来实现。因为自我是整个人类生活的一部分，是它的产物。要转变自我，就必须认识自我。不认识你的真实状况，就没有正确思维的基础；不认识你自己，就不可能有转变。你必须如实认识自我，而不是认识你希望成为的样子，那只是一个理想，是虚构的，不真实的。能够被转变的就是真实的那部分，而不是你希望的那部分。如实认识自我，需要一颗极其机敏的心，因为实情在不断转变、变化，要快速跟上它，头脑必须不被任何教条或信仰所束缚，不被任何的行动模式所限制。如果你要追踪任何东西，受束缚可没好处。要认识你自己，心必须警觉、敏锐，从所有的信仰和理想主义中解脱出来。因为信仰和理想只能带给你一些色彩，却妨碍了真正的理解。如果你想认识真实的自己，你不能想象或信仰某些你不具备的东西。如果我贪婪、嫉妒、暴力，只是抱有非暴力、不贪婪的理想，那并没有什么价值。然而，要认识到自己贪婪或暴力，要认识并了解这一点，需要极强的洞察力，不是吗？那需要诚实，需要清晰的思维。但追求某个脱离实际的理想，是一种逃避；它会阻碍你的发现，阻碍你从你的实际出发直接行动。

了解自我的真相，不管是什么样的真相——或丑或美，或邪恶或不端，了解自我的真相，不做扭曲，就是美德的开端。美德是必要的，因为它带来自由。只有在美德中你才能发现，才能生活——而不是在美德的培养中，培养美德只是带来声名，而不是理解和自由。具有美德和变得具有美德是不一样的。具有美德源于对真相的了解，而变得具有美德是在拖延，是在用你想要的状态掩盖你真实的状态。因此，在变得具有美德的过程中，你在逃避从实际出发的直接行动。这个通过培养理想逃避真相的过程，被认为是具有美德的；但如果直接、仔细地观察，你会明白根本不是那回事。那只是一种不肯直面真相的拖延。美德不是去变成跟实际相反的样子。美德是了解实际的状态，并因而从实际的状态中解脱出来。在一个急速瓦解的社会中，美德是必要的。要创建一个新的世界、一个新的结构，脱离老旧的那一切，必须有发现的自由，而要自由，必须具有美德，因为没有美德就没有自由。一个不道德的人，努力想变得具有美德，他能了解美德吗？不道德的人永远无法自由，因此他永远弄不清楚真相是什么。我们只能在了解实情的过程中发现真相；要了解实情，就必须有自由，必须摆脱对实际状况的恐惧。

要了解那个过程，就必须有认识实情、追踪每一个思想、情感和行为的意愿；而了解实情是相当困难的，因为实情从来不是静止的、停滞的，它始终在变动。实情是你真实的状况，而不是你希望的状况；它不是理想，因为理想是虚构的；它是你每时每刻实际的行为、思想和感情。实情就是事实，要了解事实需要觉察力，需要一颗非常警觉、机敏的心。但如果我们开始谴责实情，开始批判或抗拒它，就无法了解它的变动。如果我想要了解某个人，我不能责备他；我必须观察他，研究他。我必须爱我所研究的这个东西。如果你想了解一个孩子，你必须爱他，绝不能责备他。你要跟他一起玩，观察他的动作、他的脾气、他的行为方式；但如果你只是责备、抗拒或批评他，你对那个孩子就不会有了解。同样的，要了解实情，我们必须观察每时每刻的所思、所感、所行。那就是事实。任何其他的行动，任何理想的、意识形态的行动，都不是事实；那只是个愿望，一个虚构的欲望——想要变成某个跟实际不一样的东西。

要了解实情，需要一颗不认同、不谴责的心，也就是说，需要一颗警觉而被动的心。当我们真的想要了解什么的时候，我们的心就处于那种状态；如果了解的兴趣足够强，那种状态就会出现。如果你有兴趣了解实情，了解心的真实状态，你不必强迫，不必自律，不必控制；相反，你会有一种被动的警觉和留心。有兴趣、有意愿了解的时候，那种觉察的状态就会出现。

对自我的彻底了解，并不是由知识或经验的累积达成的，那不过是培养记忆罢了。了解自我是每时每刻的事。如果我们只是累积关于自我的知识，那知识本身就会阻碍进一步的了解，因为累积的知识和经验变成了中心，思想通过这个中心聚焦、生成。世界与我们以及我们的行为无二无别，因为正是我们的实际状况造成了世界的问题。大多数人的困难在于，我们没有直接认识自己，相反，我们寻求一个体系、一种方法、一种操作方式，指望它来解决人类的许多问题。

那么，存不存在认识自我的方法或体系呢？随便哪个聪明人、哲学家都能创建一个体系、一个方法；但遵循一个体系，显然只会产生一个由那个体系造成的结果，不是吗？如果我遵循某个特定的了解自我的方法，我就会得到那个体系必然产生的结果；但那个结果显然不是对自我的了解。也就是说，我遵循一个了解自我的方法、体系、途径，照此模式塑造我的思想、我的行为；但遵循模式并不是了解自我。

因此，并不存在认识自我的方法。寻求方法，必然想到达某个结果——那就是我们全都想要的东西。我们追随权威——如果不是权威人士，就是权威的体系、权威的意识形态——因为我们想要一个令人满意的结果，一个能带给我们安全的结果。实际上我们并不想了解自己，并不想了解我们的冲动和反应、了解思维的整个过程、了解意识以及潜意识。我们宁可去追求一个体系，一个保证会给我们一个结果的体系。然而，对体系的追求，始终是我们渴望安全、渴望确定的产物，而结果显然不会是对自我的了解。如果要遵循一个方法，就必须有一个权威——导师、古鲁、救世主、大师——那个提供给我们想要的保障的人；显然那并不是认识自我之道。

权威妨碍对自我的了解，不是吗？在权威、导师的庇护下，你也许会有暂时的安全感、幸福感，但那并不是对自我的整个过程的了解。权威在本质上就是充分觉察自我的妨碍，因此最终破坏了自由；而只有在自由中，才存在创造。只有通过认识自我，才有创造的可能。我们大多数人都没有创造力；我们是重复的机器，只是一个留声机，一遍又一遍地播放着某些歌，某些经验、结论和记忆之歌——要么是来自我们自己的，要么是来自别人的。这样的重复并不具有创造性的状态——但那就是我们想要的。因为想要内在的安全，我们不断地寻找获得安全的方法，因而制造权威，崇拜他人。这一切破坏了领悟，破坏了心灵即刻的宁静，而只有在心灵的宁静中，才能出现创造的状态。

显然，我们的困难在于，大多数人已失去了这种创造的感觉。有创造力，不是指我们必须画画、写诗、成名。那并不是创造力——那只是一种表达观念的能力，也许受人欢迎，也许没人在意。能力和创造力不可混淆。能力并不是创造力。创造是一种截然不同的状态，不是吗？在那种状态中，自我缺席了，头脑不再聚焦于自我的经验、野心、追求和欲望。创造不是一种延续的状态，它每时每刻都是崭新的，它是一种运动；在那种状态中，没有"我"，没有"我的"，思想不再聚焦于任何特定的经验、野心、成就、目标和动机。只有当自我不存在时，才会有创造——只有在那种状态中，才可能有真相，那种状态就是所有事物的创造者。但是，那种状态不能被构想或想象，不能被规划或复制，不能通过任何体系、任何哲学、任何训练来达到。相反，只有通过了解自我的整个过程，它才会出现。

了解自我并不是一个结果、一个终点；它是在关系之镜中一刻接一刻地观察自己——你与财产的关系、你与物品的关系、你与他人的关系、你与观念的关系。但我们发现，机敏、警觉并不容易；我们更喜欢遵循方法，接受权威，接受各种迷信以及令人满意的理论，把自己的心弄得松懈、迟钝。所以，我们的心都变得倦怠、疲惫、毫不敏感了。这样的心是不可能处于创造的状态中的。只有自我停止，即识别和累积的过程停止的时候，才会出现创造的状态；因为，说到底，"我"这个意识就是识别的中心，而识别只是经验积累的一个过程。但我们都怕自己什么都不是，因为我们全都想成为人物。小人物想成为大人物，无德之徒想成为有德君子，弱势草民渴望势力、地位和权威。我们不断地动着这些心念。这样的心不可能平静，因此永远无法理解创造的状态。

要改变我们周围的世界，改变它的穷困、战争、失业、饥饿、阶级分化以及彻底的混乱，就必须改变我们的内心。革命必须从每个人的内心开始——但不是任何信仰或意识形态指导下的革命，因为一个基于观念的革命，或遵循某个模式的革命，显然根本谈不上是革命。要实现每个人内心根本的转变，就必须了解我们在关系中的所有想法和感受。要解决我们所有的问题，那是唯一的方法——而不是进行更多的训练，制造更多的信仰，发明更多的意识形态，寻找更多的导师。如果我们能一刻接一刻地如实了解自己，不累积任何东西，就能看到宁静是怎样出现的，它不是头脑的产物，它不是一种想象也不是刻意培养的结果；只有在那样的宁静中，才会有创造。

# 行动与观念

观念能产生行动吗？还是观念只是塑造了思想，因此限制了行动？

我想讨论一下行动的问题。一开始也许会很艰涩难懂，不过我希望通过思考它，能够看清楚这件事，因为我们整个的存在，整个的生活，就是一个行动的过程。

大多数人生活在一连串的行动中，一连串看起来没有关联的行动中，这导致了衰败和挫折。这个问题事关每个人，因为我们活着就是行动，没有行动就没有生活、没有经验、没有思考。思考即是行动；只是在意识的层面，也就是外在的层面上追求行动，只是局限于外在的行动而不了解行动本身的整个过程，必然会走向失意和痛苦。

我们的生活就是一连串的行动，或是一个不同意识层面上的行动过程。意识就是经验、命名和记录。换句话说，意识是挑战和反应，先是经验，然后命名，然后记录，也就是记忆。这个过程就是行动，不是吗？意识即行动；没有挑战和反应，没有经验和命名，没有记录（即记忆），也就没有行动。

行动制造了行动者。也就是说，当行动有个预想的结果，行动者就产生了。如果行动没有一个结果，那么也就没有行动者；但如果有个预想的目标或结果，那么行动就引出了行动者。因此行动者、行动和目标、结果，就是一个统一的过程、一个单一的过程；当行动有个预想的目标，这个过程就产生了。结果导向的行动就是意志；舍此并不存在意志，不是吗？达成目标的欲望激起了意志，即行动者——我想成功，我想写本书，我想成为富人，我想画画。

我们熟悉这三个状态：行动者、行动和目标。那就是我们的日常生活。我只是在解释实际状况；但只有当我们仔细查看它，不让相关的幻觉、成见或偏见乘虚而入，才能开始了解怎样转变实际状况。行动者、行动和结果，这三个状态构成了经验，显然这就是一个成为什么的过程。除此之外，就不存在成为什么的情况，不是吗？如果没有行动者，如果没有结果导向的行动，就不存在成为什么的情况；然而我们所知的生活，我们的日常生活，就是一个成为什么的过程。我没钱，我就朝一个目标行动，我的目标就是成为富人。我长得丑，就想成为一个漂亮的人。因此，我的生活就是一个成为什么的过程。存在的意志就是成为什么的意志，在不同的意识层面上，在不同的状态中，其中有着挑战、反应、命名和记忆。那么，这个成为什么的过程就是冲突，就是痛苦，不是吗？它是一场无尽的挣扎：我是这个，却想成为那个。

因此，问题在于：有没有一种行动，它不是为了成为什么？有没有一种行动，没有这种痛苦，没有这种无休止的战斗？如果没有目标，就没有行动者。因为抱有目标的行动制造了行动者。但有没有一种行动是没有目标的，因而是没有行动者的——也就是没有达成结果的欲望？那样的行动不是为了成为什么，因此也不是一种努力。有一种行动的状态、一种经验的状态,其中不存在经验者,也不存在经验。这听起来太过哲学,但实际上相当简单。

在经验的时刻,你并没有意识到自己是一个脱离经验的经验者;你就在经验的状态中。举个非常简单的例子:你生气了。在那个生气的当下,既没有经验者也没有经验本身;就只是在经验中。然而你一旦从中出来,在结束的那一刻,就出现了经验者和经验,行动者和抱有目标的行动——即摆脱或压抑愤怒。我们时常处于这样的状态中,一种正在经验的状态;然而我们总是跳脱出来,给它一个名字,命名和记录它,因而继续那个"成为什么"的过程。

如果我们能在行动这个词最根本的意义上去了解它,那份彻底的了解也会影响我们表层的行为;但首先我们必须了解行动最本质的意义。那么,行动是观念引起的吗?你是先有观念,然后行动?还是先产生行动,然后,因为行动制造冲突,你就围绕它建立一个观念?行动制造了行动者吗,还是先有行动者,再有行动?

谁先谁后,弄清楚这一点非常重要。如果是先有观念,那么行动就只是在遵循观念,因此就不再是行动,而只是观念引导下的模仿、强迫。明白这一点是非常重要的;因为,我们的社会很大程度上建立在智力或语言的层面上,所有人都是先有观念,再有行动,行动就成了观念的侍从。只是构建观念,显然不利于行动。观念会滋生更多的观念,如果只是一味地催生观念,就会出现对抗;而社会因为构建观念的智力过程,变得头重脚轻。我们的社会结构非常偏重智力;我们忽视生命的其他部分,不惜一切代价培养智力,因此我们被观念窒息了。

观念能产生行动吗?还是观念只是塑造了思想,因此限制了行动?

如果行动是迫于观念产生的，就永远无法解放人类。了解这一点对我们来说极其重要。如果观念塑造了行动，那么行动永远无法解决我们的苦难，在它化为行动之前，我们必须先来看看观念是怎样形成的。探究观念构建的过程极其重要，特别是在这个危机的关头。那些认真的人，那些真正想发现问题的解决之道的人，必须首先了解观念构建的过程。

我们所指的观念是什么意思？一个观念是怎样产生的？观念和行动可以共存吗？假设我有一个观念并且希望去实践它。寻找一个实践那个观念的方法，思来想去，把时间和能量浪费在怎样实行那个观念的争论上。所以，弄清楚观念到底是怎样形成的，真的非常重要。发现了其中的真相后，我们就能讨论行动的问题。不讨论观念，只是去弄清楚怎样行动，是没有意义的。

那你怎样得到一个观念——一个非常简单的观念，没必要是哲学观念、宗教观念或经济学观念？显然它是一个思考过程，不是吗？观念是思考过程的产物。没有思考过程，就不可能有观念。所以，观念是思考的产物，在了解观念之前，我必须先了解思考过程本身。我们所指的思想是什么意思？你什么时候会思考？显然思想是一个神经性反应或心理反应的结果，不是吗？它是面临刺激即刻产生的神经性反应或是心理反应，也就是累积的记忆所引发的反应。一种是面临刺激即刻产生的神经性反应，一种是与累积的记忆有关的，与种族、集体、古鲁、家庭、传统等影响有关的心理反应——你都称之为思考。所以思考的过程就是记忆的反应，不是吗？如果没有记忆，你就没有思想；而对某个经验产生的记忆的反应把思考带入行动。比如说，我累积着民族主义的记忆，称自己为印度人。那个记忆库，积累着过去的反应、行为、影响、传统和习俗，它对佛教徒或基督教徒的挑战做出反应，记忆对挑战做出的反应必然引起思考的过程。观察一下你自己身上运作的思考过程，就可以直接验证这句话的真实。你曾被别人侮辱，那个经验留在你的记忆中，形成了背景的一部分。当你遇到那个人，这是一个挑战，你的反应就是关于那次侮辱的记忆。所以记忆的反应，也就是思考过程，制造了一个观念；因此那个观念总是受限的——了解这一点很重要。也就是说，观念是思考过程的产物，思考过程是记忆的反应，而记忆总是受限的。记忆总是属于过去的，因为现在的一个挑战，那份记忆被赋予了新的生命。记忆本身并不具有生命；当面临挑战，它当下就复活了。所有的记忆，不管是潜伏的记忆，还是活跃的记忆，都是受限的，不是吗？

因此，需要一种截然不同的处理方式。你得亲自去弄清楚，行动要基于一个观念，还是可以不需要构建观念。不基于观念的行动——我们来弄清楚这是什么意思。

你什么时候的行动是不经构想的？什么时候的行动不是经验的产物？我们说过，基于经验的行动是受限的，因此是障碍。行动，如果不是观念的产物，如果基于经验的思考过程没有在控制行动，它就是即时产生的，意思就是，如果头脑没有在控制行动，就会有独立于经验的行动。当基于经验的头脑没有在指导行动，当基于经验的思考没有在塑造行动，那是唯一有着了解和领悟的状态。如果没有思考过程，行动是怎样的？行动有没有可能不需要思考过程？具体地说，我想建一座桥，造一所房子，我知道技术，技术会告诉我怎样建造。我们把那个过程称为行动。还有写诗的行动，画画的行动，政府责任的行动、社会反应、环境反应的行动。这一切都基于观念或过往的经验，它们在塑造着行动。

但有没有一种行动，它不涉及构建观念的过程？

显然，结束观念的时候，就会有这样的行动；只有爱出现时，观念才会结束。爱不是记忆；爱不是经验；爱不是想念某个所爱的人，不然爱就只是思想。你不能思考爱。你可以想念你爱或你献身的那个人——你的古鲁、你的意象、你的妻子、你的丈夫；但是，思想、符号并不是那个真实的东西，并不是爱。因此爱不是一种经验。

有爱的时候就有行动，不是吗？那个行动不是一种解放吗？它不是精神活动的结果，因此在爱和行动之间没有鸿沟，没有像观念和行动之间的那种鸿沟。观念永远是老旧的，在现在之上投下阴影，而我们总是想在行动和观念之间架上桥梁。当爱存在时——因为它不是精神活动，不是观念构建，不是记忆，不是经验的产物，不是训练的产物——那么那份爱就是行动。那是唯一能解放人类的东西。只要存在精神活动，只要观念即经验在塑造行动，就不可能有解放；只要那个过程在继续，所有的行动都是受限的。当你看到其中的真相，爱就产生了，它不可思议，不可思量。

观念怎样形成，行动怎样源自观念，观念怎样控制行动并因而限制行动，形成对刺激的依赖——我们必须了解这整个过程。是谁的观念，是来自左派还是右派，这并不重要。只要执着于观念，我们就会落入一种状态，一种丝毫无法体验的状态。那么，我们就只是活在过去中，活在时间的领域，那产生了进一步的刺激，或者活在未来中，那是另一种形式的刺激。只有当头脑从观念中解放出来，体验才有可能。

观念并不是真相，真相必须一刻接一刻地直接经验。那并不是你想要的那种经验——不然就只是一种刺激。只有当我们能超越观念的屏障——观念就是"我"，就是头脑，具有局部或全部延续性的东西——只有当我们可以超越它时，只有当思想彻底安静时，才会有一种体验的状态。那时，我们就会知道什么是真相。

# 信仰

我们之所以渴望信仰，原因之一就是恐惧。

信仰和知识，与欲望的联系非常紧密；如果我们能明白这两件事，也许就能看清楚欲望的运作方式，并了解它的复杂性。

在我看来，大多数人热切接受并视为理所当然的事物之一，就是信仰。我不是在攻击信仰。我们想要做的是，弄清楚我们为什么接受信仰。如果我们能了解动机，了解接受的原因，那就不但能弄清楚我们为什么那么做，也许还能从中解脱出来。我们可以看到，政治信仰、宗教信仰、民族信仰以及其他各种信仰，确实分化了人类，制造了冲突、混乱和对抗——这是不争的事实；然而，我们却不愿意放弃信仰。印度教信仰、基督教信仰、佛教信仰——数不清的宗派和民族信仰，各类政治意识形态，全都相互对立，全都试图转变对方。我们可以明显地看到，信仰在分化人类，制造褊狭；我们的生活可以没有信仰吗？只有在你与信仰的关系中探究你自己，才能弄清楚这个问题。活在这个世界上，可以没有信仰吗？——不是换个信仰，不是用一个信仰代替另一个，而是从所有的信仰中彻底解脱，从而每一分钟都崭新地面对生活。说到底，这就是真理：每一刻都能全新地面对一切，没有源自过去的条件反射，从而没有累积的影响来阻隔我们直面当下的现实。

你想一下就会明白，我们之所以渴望信仰，原因之一就是恐惧。如果没有信仰，我们会怎样？我们不是会忧心忡忡吗？如果没有一个基于信仰的行动模式——不管是相信上帝，还是相信某些制约我们的宗教准则和教条——我们就会感到彻底迷失，不是吗？那么，接受一个信仰不就是为了掩盖那种恐惧吗——恐惧自己实际上卑微渺小、空虚无依？说到底，一个杯子的用途就在于它的空；而一颗充斥着信仰、教条、主张、语录的心，实际上毫无创造力，只是重复他人罢了。逃避那种恐惧——空虚的恐惧、孤独的恐惧、停滞不前的恐惧、一事无成的恐惧、一无所是的恐惧，显然这就是我们那样热切而贪婪地接受信仰的原因之一，不是吗？那么，接受一个信仰，我们就了解自己了吗？正好相反的是，信仰，不管是宗教信仰还是政治信仰，显然都阻碍了我们对自身的了解。它就像一个屏幕，我们就在通过那个屏幕观察自己。我们可以抛开信仰观察自己吗？如果撇开那些信仰，撇开我们抱有的许多信仰，还能留下什么可看的东西吗？我们的心用信仰来认同自己，如果没有信仰，不去认同，它就能如实观察自己——那时，无疑就是了解自我的开端。

这个信仰和知识的问题，真是个非常有意思的问题。它在我们的生活中扮演着多么重要的角色啊！那多如牛毛的信仰！显然，一个人越聪明、越有文化、越有灵性（如果我可以用灵性这个词的话），就越没有了解的能力。野蛮人有着数不清的迷信，即使是在现代社会也是如此。可能越深思熟虑、越清醒、越警觉的人，越不轻易相信什么。那是因为信仰束缚人，信仰孤立人；我们在全世界——在经济界、政治界及所谓的灵修界——看到这种情况。你相信有上帝，而我可能相信没有上帝；或者，你相信要由政府来全权控制一切人事，而我相信私营企业之类；你相信只存在一个救世主，相信借助他能达到你的目标，而我不信那一套。因此，你带着你的信仰，我带着我的信仰，我们各有主张。然而我们双方都在谈论爱，谈论和平，谈论人类大同，谈论一个人生——这完全没有意义；因为实际上信仰本身就是一个孤立的过程。你是婆罗门，我不是婆罗门；你是基督徒，我是穆斯林；诸如此类。你谈论仁爱，我也同样谈论仁爱，一样在谈论爱与和平；但实际上我们貌合神离，我们在分裂彼此。一个人，如果想要和平，想要创造一个新的世界，一个幸福的世界，显然就不能因为任何形式的信仰孤立自己。这一点清楚吗？也许你只是在字面上有所了解，但如果能看到其中的重要性和正确性，看到其中的真相，它就会开始起作用。

我们看到，如果欲望在起作用，就一定会有信仰引起的孤立；因为你信仰是为了获得经济上、精神上以及心理上的保障。我讲的不是那些因为经济原因而信仰的人，因为他们生来以职业为重，他们出于职业需要而成为天主教徒、印度教徒——成为什么教徒并不重要，只要有份工作就成。我们也不是在讲那些出于方便而信仰的人。也许我们大多数人都属于这一种。为方便起见，我们相信某些东西。撇开那些经济上的原因，我们必须探究得更加深入。以那些信仰强烈的人为例，不管是经济、社会还是灵性上的信仰，其背后的过程都是心理上对安全的渴望，不是吗？然后，还有对延续的渴望。我们在此不讨论是否存在生命的延续；我们只讨论信仰的动机，讨论其永不枯竭的推动力。一个热爱和平的人，一个真正了解整个人类生活的人，是无法被一个信仰所束缚的，不是吗？

他看到他的欲望在作怪，看到它想要求取安全。请不要跳到另一个极端，声称我在宣扬无宗教主义。我完全不是那个意思。我的意思是，只要我们不了解欲望表现为信仰的过程，就一定会有纷争，一定会有冲突，一定会有悲伤，而人与人之间将互相对立——那正是每天都可以看到的。所以，如果我注意到，如果我认识到，这个呈现为信仰的过程，其实是渴望内在安全的一种表现，那么，我的问题就不是我应该信仰这个还是信仰那个的问题，而是我应该把自己从对安全的渴望中解脱出来的问题。我们的心能从对安全的渴望中解脱出来吗？问题就在这里，而不在于相信什么以及相信多少。世界如此动荡不安，那一切不过是内在渴望心理安全、渴望确定什么的表现。

　　一颗心，一颗有意识的心，一个人，可以从这种对安全的渴望中解脱吗？我们想要安全，因而需要房产、财物以及家庭的辅助。我们竖起信仰的高墙，想要获得内心以及精神的安全，这就是渴求安定的象征。这种对安全的迫切与渴求，就表现为信仰什么的欲望，你，一个个体，能够从中解脱吗？如果不从这一切中解脱，我们就是争端的根源；我们没有带来和平，我们的心中没有爱。信仰导致破坏，从我们的日常生活中就可以看到这一点。如果我受困于这个欲望的过程，即执着于信仰，我可以反观自己吗？我们的心可以从信仰中解脱吗——不是找一个替代品，而是彻底从中解脱？对此你不能只是嘴上说"可以"或"不可以"；但如果你有志于从信仰中解脱，就可以明确地回答。接着，不可避免的，你就会进入寻求方法的阶段。显然，内在的安全，并不像你乐于相信的那样，会长久延续。你乐于相信有一个上帝在细心照料你那些芝麻琐事，告诉你该见谁，该做什么，该怎么做。这是幼稚而不成熟的想法。你认为伟大的圣父在照看我们每一个人。这只是你自作多情的投射。这显然不是真的。真相一定截然不同。

我们的下一个问题涉及知识。要了解真相，知识是必要的吗？我说"我知道"的时候，就表示我拥有知识。这样的心智能够探究和揭示真相吗？再说，我们知道些什么呢，让我们这么引以为傲？实际上我们知道些什么？我们知道信息，我们满脑子的信息和经验，它们全都基于我们的制约、记忆和能力。你说"我知道"的时候，你想表达什么？你声称你知道的东西，要么是一种对事实的识别，对某些信息的识别，要么就是你曾经有过的经验。不断地累积信息，获取各种知识，这一切让你声称"你知道"，并且根据你的背景、欲望和经验，你开始解读你读到的东西。你的知识，是一个跟欲望的过程类似的东西。我们用知识取代了信仰。"我知道，我有过经验，那无可辩驳；我的经验就是那样，我完全信赖它"；这些都是那知识的象征。但如果绕到它的背后，分析它，更聪明更仔细地观察它，你就会发现，声称"我知道"是另一种疏离你我的高墙。在那高墙之后，你寻求庇护，寻求舒适与安全。因此，一个人知识越丰富，就越没有了解的能力。

关于这个获取知识的问题，不知你有没有思考过——知识是否最终有助于我们去爱，是否有助于我们获得解脱，从那些制造内心冲突、邻人冲突的品性中解脱；知识是否让我们脱离了野心。因为，说到底，野心就是破坏关系、造成对立的品性之一。如果我们要与他人和平共处，显然就必须彻底结束野心，不但结束政治上、经济上、社会上的野心，也结束更微妙、更危险的野心——灵性上的野心——成圣成贤。我们的心，有没有可能从积累知识的过程中、从这种想知道的欲望中解脱呢？

观察这两样东西——知识和信仰——在我们的生活中起着怎样举足轻重的作用，是很有意思的事情。看看我们有多崇拜博学多识的人！你明白那意味着什么吗？如果你想找到新东西，体验一些不是想象投射出来的东西，你的心就必须自由，不是吗？它必须有能力看到新东西。不幸的是，每次你看到新东西，就引入一些已知的信息，引入你所有的知识和过去的记忆。显然你就变得没有能力看了，也没有能力接纳任何新的、跟旧有的一切无关的东西。请不要立即就把这个意思解读为具体琐事——如果不知道怎样回到住处，我就会走丢；如果不知道怎样操作机器，我就是个没用的人。那完全是另一回事。我们在这里谈论的不是那种事情。我们正在谈论的是被用来寻求安全的知识，那种成就些什么的内在欲望。你从知识中得到了什么？知识的权威，知识的分量，重要的感觉，尊严，充满活力的感觉，诸如此类的东西？一个人如果说"我知道"，如果说"什么存在""什么不存在"，显然他就已经停止了思考，停止了追踪欲望的整个过程。

在我看来，我们的问题就在于，我们被信仰束缚了，被知识压垮了。我们的头脑能不能从昨日中解脱？能不能从昨日所获得的信仰中解脱？你理解这个问题吗？你这个个体，我这个个体，有没有可能活在这个社会中，却从我们从小熏染的信仰中解脱出来？我们的头脑能不能从所有的知识、所有的权威中解脱？我们阅读各种经典、各种宗教书籍。那些书里详细描述了要做什么、不要做什么、怎样达到目标、目标是怎样的以及上帝是怎样的，你们都牢记在心并奋起追求。那就是你的知识，那就是你已获得的东西，那就是你学会的东西，你沿着那条道一路追求。显然你追求什么寻觅什么，就会找到什么。但那是真相吗？那不是你自己的知识的投射吗？那并不是真相。有没有可能现在——不是明天，就是现在——就认识到并且说"我看到了其中的真相"，然后就放手；那样一来，你的头脑就不会被想象、投射的这个过程所纠缠了。

我们的头脑能够从信仰中解脱吗？那些导致你执着于信仰的原因，只有你了解了那些原因的内在本质，不但了解意识层面的动机，也同样了解促使你信仰的无意识层面的动机，你才能从中解脱。毕竟，我们并非只在意识层面运作的肤浅实体。如果给无意识一个机会的话，我们可以弄清楚更深层的意识和无意识的活动，因为无意识比意识反应更快。当你的意识在静静思考、倾听和观察时，无意识则处于更活跃、更警觉、更敏于接受的状态；因此，它就能得到解答。一个被压制、被威胁、被推动、被逼迫去信仰的头脑，它可以自由思考吗？它可以从全新的角度观察，并解除你和他人之间的隔阂吗？请不要说什么信仰拉近了人类。它没有，显然没有。没有组织化的宗教曾做到那一点。你自己看看你的国家发生的事。你们全是信徒，但你们合得来吗？你们团结在一起吗？你们自己清楚不是的。你们分裂成许许多多的派别和等级；你们知道那数不清的派系之分。全世界都是这样——不管是东方还是西方——基督徒在毁灭基督徒，为了鸡毛蒜皮的小事彼此杀戮，把人们赶进集中营，等等，战争的种种恐怖行径。因此，信仰并没有联合起人类。这一点非常清楚。如果这一点清楚而真实，如果你看到了，就必须依此而行。但困难在于，我们大多数人并没有看到，因为我们无力面对内在的不安全、内在的孤独感。我们需要有所依靠，不管是国家、阶级、民族主义思想、救世主、弥赛亚，还是别的什么。如果我们看到这一切的虚假，头脑就能——也许只是暂时一下子——看到其中的真相；虽然当那真相对它来说实在无法承受时，它就会临阵退缩。但暂时看到就足够了。如果你能在刹那间看到它，就足够了；因为接下来你会看到一件神奇的事情发生。无意识开始运作，虽然意识也许会抗拒。那一秒没有连续，但那一秒就是唯一；然后它会有它自己的结果，即使意识会跟它搏斗。

所以，问题就是："我们的头脑能不能从知识和信仰中解脱出来？"头脑不就是由知识和信仰组成的吗？头脑的结构不就是信仰和知识吗？信仰和知识是一个识别的过程，是头脑的中心。这个过程是封闭的，是一个意识和无意识共存的过程。头脑能够从自身的结构中解脱吗？它能够自行结束吗？那就是问题。据我们所知，头脑有信仰，有欲望，有着对安全的渴求，有着知识以及力量的积累。如果，带着头脑所有的力量和优势，我们却不能独立思考的话，世界就不可能和平。你也许谈论和平，你也许组织了政党，你也许在屋顶呐喊，但是你无法拥有和平，因为头脑就是制造矛盾的基础，就是引起孤立和分化的源头。一个热爱和平的人，一个热切的人，他不会孤立自我却又谈论仁爱与和平。那只是一个游戏，一个政治和宗教的游戏，只是为了满足成就和野心。一个真正热衷于这个问题的人，一个想要有所发现的人，就要直面这个知识和信仰的问题；他必须绕到它的后面，去发现欲望运作的整个过程，那些想要安全、想要确定的欲望动作的整个过程。

一个能够产生新东西的头脑——不管那新东西是真理、上帝还是别的什么——它显然必须停止获取、停止积累；它必须把所有的知识放到一边。一个背负知识的头脑，显然无法了解那真实的、不可思量的境界。

# 努力

你在什么情况下写作、画画或唱歌？你在什么情况下创作？显然，就在你不努力时，在你全然打开时。

对大多数人而言，我们整个生活的根基就是努力，就是某种意志力。我们无法想象有什么行动是不需要意志力，不需要努力的；努力就是我们生活的根基。我们的社会生活、经济生活以及所谓的精神生活都是一系列的努力，永远在实现某个目标。我们认为，努力是必要的、必需的。

我们为什么努力？简单说，不就是为了达成结果，实现目标，功成名就吗？如果不努力，我们就认为自己会停滞不前。我们清楚自己为之不断奋斗的目标，而这样的奋斗已成了我们生活的一部分。如果想改变自己，如果想实现内在根本的转变，我们就要付出极大的努力去改掉坏习惯，去抵制周遭环境的影响，等等。所以，为了找到什么或达成什么，或只是为了生活，我们已习惯于做出一系列的努力。

这所有的努力不都是自我的行为吗？努力不是一种以自我为中心的行为吗？如果从自我这个中心出发做出努力，就必然制造更多的冲突、更多的困惑和更多的痛苦。然而，我们却不停地努力又努力。很少人认识到，这种以自我为中心的努力行为，并没有解决我们的任何问题。相反，它增加了困惑、痛苦和悲伤。我们知道这一点，然而我们还是希望能用什么方法突破这种自我中心的努力，突破这种意志的行动。

我认为，如果我们了解努力意味着什么，就会了解生活的意义。幸福来自努力吗？你曾努力幸福吗？努力不来的，不是吗？你努力幸福，就没有幸福可言，不是吗？喜悦并非来自压抑、控制或放纵。你可以压抑或控制，但总是隐藏着冲突。你可以放纵，但最终会有苦果。因此幸福并非来自努力，喜悦也不是来自控制和压抑。然而，我们整个的生活仍然是一连串的压抑、一连串的控制、一连串懊悔连连的放纵。还有不断地克服，与我们的欲望、贪婪和愚蠢不断地斗争。我们奋斗、挣扎、努力，不就是希望能找到幸福，找到某种能带给我们宁静和爱的东西吗？然而爱或领悟能够靠奋斗得来吗？我认为，我们要好好了解我们所指的努力、奋斗或挣扎是什么意思，这相当重要。

努力，不就是竭力要把实情往想象上变，往应该怎样上变？也就是说，为了避免面对实情，我们不停地努力，不是想尽办法逃开，就是想尽办法改变它、修饰它。一个真正满足的人，他了解实情，并给予恰如其分的重视。那是真正的满足；它来自对实情的整个意义的了解，而无关拥有得多还是少。只有在你承认实情，认识它而不是竭力修饰它或改变它时，才会有那样的满足。

所以，我们看到努力就是一种奋斗或挣扎，竭力要把实际状态变成你期待的状态。我只谈心理上的努力，不是在谈解决物理性问题的努力，比如工程问题或某种发现或纯粹技术上的改变。我只谈心理努力，它总是让技术上的努力一败涂地。你也许用尽心思创建了一个了不起的社会，用上了科学所带来的无穷的知识。但只要心理上的奋斗、挣扎和战斗没有被了解，只要心理上的暗示和暗流没有被克服，社会的结构不管构建得多完美，也注定要崩溃，历史已经一再重演。

努力就是逃避实情。一旦我接受了实情，就不存在努力。任何形式的努力和奋斗都是一种干扰；只要我在心理上期待改变实情，就必然存在干扰，也就是努力。

首先，我们必须自由地看到，喜悦和幸福并非来自努力。创造是努力来的，还是只有不再努力，才有创造？你在什么情况下写作、画画或唱歌？你在什么情况下创作？显然，就在你不努力时，在你全然打开时，在你在所有层面上充分交流和互动时。那时，你才有喜悦，你才开始唱歌、写诗或画画之类。创意迸发的那一刻并非是努力来的。

也许通过了解这个创造的问题，可以了解我们所指的努力是什么意思。创造是努力的结果吗？创意迸发的时刻，我们意识到了吗？还是创造是一种完全忘我的感觉，当你心平气和时，当你完全没有觉察到思想的活动时，当你充分、全然、丰富地存在时，就有创造的感觉。那种境界是辛苦、奋斗、争取、努力得来的吗？不知道你有没有注意过这种时候，你做某些事情轻松敏捷，没有努力，完全不存在奋斗。然而，由于我们的生活大多数时候都处于一连串的斗争、冲突和奋斗之中，我们无法想象那样一种生活、那样一种存在状态，在其中你是完全不奋斗的。

要了解那种没有奋斗的状态，那种创造性的状态，显然就必须探究关于努力的整个问题。我们所指的努力就是奋力实现自我，奋力成为什么人物，不是吗？我是这个，我想成为那个；我不是那个，我就必须成为那个。在成为"那个"的过程中，就存在着奋斗，存在着斗争、冲突和挣扎。在挣扎的过程中，我们关心的必然是实现目标、获得成就。我们在一样东西、一个人、一个观念上寻求自我实现，而要实现什么，要有所成就，就需要不停地战斗、奋斗和努力。所以，我们认为努力是不可避免的；真的不可避免吗——为了成为什么人物，真的要这样奋斗？为什么要奋斗？当你渴望成就，不管是哪种程度、哪个层面上的成就，就必定要奋斗。成就即是努力背后的动机、驱动力。不管是大经理、家庭主妇还是穷人，他们心里都有一场出人头地、功成名就的战斗在上演。

　　为什么想要实现自我？显然，当你发觉自己什么都不是的时候，就会想实现自我，想成为什么。因为我什么都不是，因为我不满、空虚、内在匮乏，于是竭力想成为什么；无论内在或外在，我竭力在某个人、某件事或某个理念上实现自我。填满那个空洞就是我们存在的整个过程。意识到自己的空虚、匮乏，我们不是竭力积聚外物，就是费尽心机培养内在的富足。我们通过行动、冥想、占有、成就、权力，等等，逃避内在的空虚，只有在这样的时候，才会有努力。那就是我们的日常生活。发现了自身内在的不足和贫乏，我就努力逃开它或填补它。这样的逃开、回避、试图掩盖那个空洞，引发了努力、奋斗和挣扎。

　　如果我们不努力逃开，那会怎样？我们就跟孤独、空虚共处；在接纳空虚的过程中，我们发现一种创造性的状态出现了，它跟奋斗、努力毫无关系。只有我们试图逃避内在的孤独和空虚时，才会有努力；但如果我们只是观察它，如果我们接纳实情而不逃避，你会发现，一种所有奋斗都停止的状态出现了。那种状态就是创造，那并不是努力奋斗的结果。当我们了解实情，即空虚、内在不足，当我们与那份不足共处，并充分了解它，就出现了创造性的真实、创造性的智慧，那本身就会带来幸福。

因此我们所知的行动实际上是反应，它是一个不断成为什么的过程，它是对实情的背弃和逃避，但是当我们觉察内在的空虚而不作选择、不加责备或辩解时，在了解实情的过程中就存在着行动，而这行动就是一种创造性的状态。如果你去觉察行动中的自己，就会了解这一点。在行动中观察你自己，不只是观察外在的动作，还要观察你的思想和感情活动。如果你觉察到那些活动，就会发现思想过程，也即情感和行动的过程，是建立在"成为什么"的观念上的。只有在你心感不安时，才会升起"成为什么"的念头；当你发觉自己内在空虚时，就会出现不安的感觉。如果去觉察思想和情感的那个过程，你会看到其中上演着一场无休止的战斗，一直在努力改变、完善和改造实情。这就是成为什么的努力。成为什么是对实情的直接逃避。通过认识自我，通过不断的觉察，你会发现成为什么的奋斗、战斗和冲突导致了痛苦、悲伤和无知。只有当你觉察到内在的不足，与之安然共处，不逃避它，而是全然接纳它，你才会发现一种非凡的宁静，一种不是拼凑而成、人为制造的宁静，一种了解实情之后产生的宁静。只有在那种宁静的状态中，才存在创造性的境界。

# 矛盾

理想的我和现实的我，在两者之间不断地挣扎。我实际是这样，但我想变成那样。

在我们的身心内外，矛盾触目可见。因为身陷矛盾，所以内心难有安宁，外部世界也同样如此。我们的内心有一场没完没了的拉锯战——我们想要的状态和实际状态之间的拉锯战。矛盾制造冲突，冲突并不会带来安宁——这不言自明。这种内在的矛盾不应被解读为某种哲学性的二元对立，这样解读只是一种轻易地逃避。也就是说，我们以为把矛盾说成是二元对立的状态，就解决问题了——显然这只是一种惯用的说法，促成了对现实的逃避。

我们所谓的冲突、矛盾是什么意思？为什么我们心存矛盾？——理想的我和现实的我，在两者之间不断地挣扎。我实际是这样，但我想变成那样。我们内心的这一矛盾是一个事实，而不是形而上学的二元论。形而上学对于了解实情毫无意义。如果真有二元论这回事，也许我们可以来谈谈，看看它是怎么回事，诸如此类。但如果不知道我们的内心怀有矛盾，怀有对立的欲望、对立的兴趣、对立的追求，谈论那些又有什么价值？我想变好，可又做不到。这样的矛盾，这样的对立，必须深入了解，因为它制造冲突，而置身于冲突和挣扎，我们是无法独立创造的。我们要清楚自己所处的状况。既然有矛盾，就一定有挣扎，而挣扎就是破坏，就是损耗。在那种状态下，除了对抗、斗争以及更多的痛苦和悲伤，我们什么也创造不了。如果我们能透彻地了解这一点，因而从矛盾中解脱，就会有内在的安宁，并带来对彼此的了解。

问题就在这里：看到冲突会造成破坏和损耗，为什么我们每个人心中却有矛盾？要了解这一点，我们必须探究得更深入一点儿。为什么会有对立的欲望？不知道大家是否从内心意识到这一状况——这种想要又不想要的矛盾，这种记住了某些东西又为了寻找新目标竭力忘却的矛盾。去观察一下，很简单、很平常的现象，并不是什么稀奇的事情。事实就是，矛盾存在。那么，为什么会出现矛盾？

我们所指的矛盾是什么意思？那不就是意味着，一种暂时的状态被另一种暂时的状态所强加？我觉得心中有一种持久的欲望，我假设我心中怀有一种持久的欲望，然后出现了另一种与之矛盾的欲望；这种矛盾造成了冲突，即损耗。也就是说，一种欲望不断地否定另一种欲望，一种追求不断地压倒另一种追求。那么，有持久的欲望这回事吗？显然，一切欲望都是暂时的——不是理论上如此，而是事实如此。我想要份工作，意思就是，我仰仗某个工作来获得快乐。得到后，我并不满足。我想成为经理，想成为老板，如此等等，不但在这个物质世界如此，在所谓的灵性世界也一样——老师想成为校长，牧师想成为教皇，门徒想成为大师。

这样不断地成为，从一个阶段到达另一个阶段，造成了矛盾，不是吗？因此，何不这样来看待生活，它并非是一个欲望恒久盘踞，而是一连串短暂的欲望在不停地此消彼长？这样一来，头脑就不必处于矛盾中了。如果我不把生活看作一个恒久的欲望，而是一连串暂时的欲望在不断变换，那就不会有矛盾了。

只有当头脑有一个固定的欲望时，矛盾才会出现。也就是说，如果头脑不认为一切欲望是变动的、短暂的，而是死抓住一个欲望不放，把它搞成永恒不变的状态——只有在那种情况下，当另一个欲望产生时，才会出现矛盾。然而一切欲望在不停地变动，没有什么固定不变的欲望。欲望中并无固定的一点，但头脑建立了一个固定点，因为它把一切当作达成和获取的手段，因而只要我们在达成什么，就必然有矛盾、有冲突。你想要达成，想要成功，你想找到终极的上帝或真理，那将是你的恒久的满足。因此你并不是在寻找真理，并不是在寻找上帝。你只是在寻找恒久的满足，你用一个理念、一个听起来冠冕堂皇的词汇，比如上帝、真理，来掩盖你寻求满足的事实；但实际上我们全都在寻求满足。这种满足，把它捧至最高，可称之为上帝，置于最低，就是酒精。只要头脑在寻求满足，上帝和酒精就没有多大的不同。对社会而言，喝酒也许不好；但内在渴求满足、渴求获得，则更为有害，不是吗？如果你真的想要找到真理，就必须非常诚实，不只是嘴上说说，而要彻底诚实，你的头脑必须极其清晰，如果你不肯直面事实，你就不可能清晰。

是什么造成了我们每个人心中的矛盾？显然，是想要成为什么的欲望，不是吗？我们全都想成为什么：在世上功成名就，在内在世界达成目标。只要我们依据时间、成就、地位来思考问题，就必然会有矛盾。说到底，头脑就是时间的产物。思想建立在昨日之上，建立在过去之上。

只要思想在时间的范畴内运作，展望未来，心系成就、获得、达成，就必然会有矛盾；因为在那种情况下，我们是无法真正面对实情的。只有认识实情、了解实情，不做选择地觉察实情，才有可能跳脱出矛盾，从这一导致瓦解的肇因中解脱出来。

因此，了解思维的整个过程是必要的，不是吗？因为我们正是在那个过程中发现了矛盾。思想本身成了矛盾，就因为我们不了解自我的整个过程。只有当我们全身心地觉察我们的思想，不是用观察者观察他的思想的那种方式，而是不做选择地全然觉察——那是相当有难度的。只有那样，才能消解这极为有害、造成极大痛苦的矛盾。

只要我们竭力想在心理上达到某个结果，只要我们寻求内在的安全，我们的生活就必然会有矛盾。我认为大多数人都没有意识到这个矛盾，或者，我们意识到了，但并没有明白其中真正的意义。相反，矛盾带给我们一种生活的动力；来一点儿摩擦会带给我们活着的感觉。努力，矛盾中的挣扎，让我们感觉自己尚有生气和活力。那就是为什么我们热爱战争，享受有挫折的战斗。只要存在达成结果的欲望，即获得心理安全的欲望，就必然会有矛盾；而有矛盾，就不可能有安静的心。心的安静，是了解生活全部意义的必要条件。思想永远不可能安静下来；思想是时间的产物，它永远无法发现那无始无终之物，永远无法明白那超越时间的东西。思想的本质就是矛盾，因为我们的思想总是落入过去或未来，因此永远无法全然地认识并觉察现在。

要全然地觉察现在是一个相当艰难的任务，因为头脑无法真实不虚地直面事实。思想是过去的产物，因此它只能着眼于过去或未来，它无法全然彻底地觉察当下的事实。只要思想，即时间的产物，试图消除矛盾及其造成的所有问题，它就只是在追求一个结果，试图达到一个目的，这样的思考方式只会造成更多的矛盾，造成我们身心内外更多的冲突、痛苦和混乱。

要从矛盾中解脱，就必须不做选择地觉察现在。当你面对事实，怎么会需要选择？显然，只要思想抱持成为什么、改变什么的心思来处理事实，就不可能了解事实。因此，自我认识就是了解的开端；没有自我认识，矛盾和冲突就会继续。要认识整个过程，了解自我的全部，并不需要任何专家、任何权威。追求权威只会滋生恐惧。没有专家可以告诉你，怎样了解自我运作的过程。我们必须自己来探究。你我可以通过交谈、讨论来帮助彼此，但没有人可以为我们揭示它，没有专家、没有老师可以为我们进行探索。我们只能在关系中觉察——在我们与物品、财产、他人和观念的关系中来觉察。在关系中，我们会发现，如果行动去迎合观念，就会产生矛盾。观念是思想的结晶，是一个符号，遵照符号而活的努力就会造成矛盾。

因此，只要抱持一种思维模式，矛盾就会继续。要结束模式，结束矛盾，就必须认识自我。认识自我并非少数人的专利。我们可以在每天的谈话中、在我们的思考和感受方式中、在我们看待他人的方式中认识自我。如果能一刻接一刻地觉察每一个念头、每一丝情绪，就可以看到自我的习性在关系中得到了了解。只有那时，心才可能宁静，只有在宁静的心中，绝对的真相才会出现。

# 自我是什么

我看到"我"一直在运作，我看到它总是给自己和周围的一切造成焦虑、恐惧、沮丧、绝望和痛苦。

大家知道我们所指的自我是什么意思吗？自我，指的就是观念、记忆、结论、经验、各种可以命名或难以命名的意图、有意识地努力成为什么或努力避免什么、无意识中积累的记忆——种族的记忆、集体的记忆、个人的记忆、部落的记忆，这一切的大汇集，或向外投射为行动，或向内投射为美德，这一切背后的动力就是自我。那当中包含着竞争，包含着成为什么的欲望。那整个过程就是自我；面对它时，我们其实很清楚，这是个邪恶之物。我故意用"邪恶"这个很重的词，因为自我导致了分裂：自我是自我封闭的；它的活动，不管多高贵，都是分离的、孤立的。这一切我们都很清楚。我们也都知道自我消失的时候，那些妙不可言的时刻，其中没有任何的努力与刻意。有爱的时候，就有那样的时刻。

经验怎样强化了自我，在我看来，这个问题是我们需要了解的重点。如果我们内心热切，就应该了解这个问题。那么，我们所指的经验是什么意思？我们一直在获取经验，留下印象；我们解读那些印象，我们做出反应或依据它们做出行动；我们算计、耍诈，如此等等。在我们客观所见的东西和我们对此的反应之间，不断地相互影响；在意识和无意识的记忆之间，也在不断地相互影响。

根据记忆，我对看到、感受到的一切做出反应。在对看到、感受到、了解到和所相信的一切做出反应的过程中，经验就在产生，不是吗？反应，对看到的东西做出的反应，即是经验。当我看到你，我就做出反应。对那个反应的命名就是经验。如果我不命名那个反应，它就不是经验。观察一下你自己的反应，观察一下发生在你身上的状况。如果在事情发生的同时没有一个命名的过程，就不存在经验。如果我没有认出你，怎么会有遇见你的经验？这听起来既简单又正确。事实不是如此吗？也就是说，如果我不根据我的记忆、我的制约、我的偏见来做出反应的话，我怎么会知道我有过这个经验？

接着还有各种欲望的投射。我渴望被保护，渴望获得内在的安全，或者渴望拥有一个导师、一个古鲁、一个师父、一个神；我就经验到我所投射的东西。意思就是，我投射了一个欲望，它具有某种形式，我赋予它某个名字，并对此做出反应。那就是投射。那就是命名。那个欲望带给我某种经验，我就声称，"我有经验"，"我遇见了大师"或者"我没有遇见大师"。你清楚命名一个经验的整个过程。欲望就是你所谓的经验，不是吗？

如果我渴望头脑的寂静，那会怎样？会发生什么？我看到拥有一个寂静的头脑、安静的头脑很重要，理由多种多样，因为《奥义书》这么说过，宗教经典这么说过，圣人们都这么说过。另外，我个人偶然也能感觉到头脑安静时的无比美妙，因为平时我的头脑一整天都喋喋不休。有好几次，我感受到一个宁静的头脑、一个寂然无声的头脑是多么美妙、多么愉悦。欲望想要经验寂静。我想要一个寂静的头脑，于是我就问"怎样才能得到"。我知道这本或那本书谈论冥想，谈论种种修行。所以我指望通过修行来使经验寂静。自我，那个"我"，因此就在经验寂静的过程中被确立了。

我想要了解什么是真理，那就是我的欲望、我的渴求。随即我就做出投射，投射我对真理的想法。因为我读过大量谈论真理的书，我听很多人谈论过，很多经典都描述过。我想要那一切。那会怎样？那个要求、那个欲望被投射出去，如果我经验到什么，正是因为我识别出了那个投射的状态。如果我没有识别出那个状态，就不会称它为真理。我识别出它并且经验到它。那个经验强化了自我，强化了那个"我"，不是吗？所以，自我在经验中变得根深蒂固。于是你声称"我知道""大师是有的""上帝是存在的"或者"上帝不存在"；你声称某种政治体系是对的，其他的都不行。

所以，经验一直在强化那个"我"。你越根植于你的经验，自我就越强大。其结果就是，你有了某种性格的力量、知识的力量、信仰的力量，你将这些展示给他人，因为你认为他们不如你聪明，因为你拥有写作和演讲的天赋，你机智多谋。由于自我还是在运作，所以你的信仰、你的大师、你的阶层、你的经济体系都是一个孤立的过程，它们引起了纷争。在这件事情上，如果你打心底里认真热切，就必须彻底消除这个中心，绝不为它找任何借口。为什么我们必须了解经验的过程，原因就在这里。

对头脑和自我来说，有没有可能不做出投射、不滋生欲望，不留下经验呢？我们看到，自我的所有经验都是一种消极、一种破坏，然而我们却称之为积极的行为，不是吗？那就是我们所谓的积极生活。在你看来，消除这整个过程，才是消极的行为。在这个问题上，你这么认为对吗？我们，你和我，作为个体，能够深入问题的根源并了解自我的整个过程吗？什么能实现自我的消解？宗教和其他团体提供了认同，不是吗？"认同一个更伟大的东西，自我就会消失"，那就是他们的说辞。显然，认同仍然是自我的一个运作过程；那个更伟大的东西，只是"我"的投射，我经验到它，并因而强化了那个"我"。

形形色色的戒律、信仰和知识，显然只是强化了自我。我们能找到某个消解自我的要素吗？还是这个问题问错了？从根本上说，消解自我就是我们想要的。我们想找到某个消解"我"的东西，不是吗？我们认为存在各种方法，认同啊，信仰啊，诸如此类。但那些全都是同一层面上的东西，谁也不比谁高明；因为它们都同样有力地强化了自我。所以，哪里有"我"在运作，哪里就会有破坏性的力量和能量，我能看到这一点吗？不管称它为什么，它都是一个孤立分化的力量、一个破坏性的力量，而我想找到一种消解它的方法。你一定问过自己这个问题——我看到"我"一直在运作，我看到它总是给自己和周围的一切造成焦虑、恐惧、沮丧、绝望和痛苦，那个自我可能被消解吗？不是部分被消解，而是彻底被消解？我们能直捣它的老巢，一举摧毁它吗？那是唯一真正起作用的方法，不是吗？我不想只有某方面的智慧，我想要一种整体的智慧。我们大多数人都只在某些层面上聪明灵慧，你也许在这方面，我也许在那方面。有些人精于商业事务，有些人娴于办公室工作，如此等等；各有不同的智慧，然而却没有一种整体的智慧。要有整体的智慧，就意味着无我。这可能吗？

自我可以在此刻彻底消失吗？你知道这是可能的。有什么必需的要素和要求？需要什么才能实现它？我能找到它吗？当我问"我能找到它吗"，显然，我相信那是可能的；那么我就已制造了一个经验、一个将会强化自我的经验，不是吗？了解自我需要极大的智慧、极强的警觉与机敏，需要不断地留意，那样它就不会溜走。我非常热切，想要消解那个自我。当我这么说的时候，我知道消解自我是可能的。一旦我说"我想要消解这个"，那当中仍然存在着自我的经验，所以自我就被强化了。那么，自我怎样才能不经验？我们可以看到，创造的状态完全不同于自我的经验。创造是自我消失时产生的，因为创造不是智力活动，不属于头脑的范畴，不是一种自我投射，而是某种超越于一切经验之外的东西。所以，头脑可不可以静止下来，处于一种不识别、不经验的状态，处于一种创造可以发生的状态，也就是自我消失、自我不存在时的一种状态？问题就在这里，不是吗？头脑的任何活动，积极的或是消极的，实际上都是强化"我"的一个经验。头脑可以不做识别吗？只有彻底的寂静，不识别才能发生；但那种寂静不是自我的经验，因而不是那种强化自我的寂静。

存在一个自我之外的实体吗？它看着那个自我，并企图消解自我？存在一个高于自我并在摧毁自我、放下自我的精神实体吗？我们认为存在这个东西，不是吗？大多数宗教人士认为，存在这样一个要素。物质主义者说："自我不可能被摧毁，只能从政治上、经济上和社会上对它进行限制和约束。我们可以用某个模式牢牢把握它，我们也可以打破它，因此它可以被用来过一种高尚的生活、道德的生活，不干扰任何东西，而是遵循社会的模式，像一台机器一样运作。"那就是我们所知的东西。

还有另外一些人，那些所谓的宗教人士——实际上他们并不具有宗教性，虽然我们这么叫他们，他们说："从根本上说，存在着这样一个要素。如果我们能联结到它，它就会消解自我。"

是否存在一种消解自我的要素？请明白我们在做什么。我们在把自我逼入墙角。如果你允许自己被逼入墙角，就会看到事情的变化。我们喜欢存在一个无始无终的元素，与自我无关的元素，一个我们希望会来调解并摧毁自我的元素——我们称之为上帝。那么，是否存在这样一个头脑可以理解的东西呢？也许有，也许没有，但那不是重点。然而，当头脑寻求一种无始无终的精神状态、一种能采取行动以摧毁自我的状态，那不是另一种形式的经验吗？那同样在强化"我"。如果你信仰——那不正是实际发生的状况——如果你相信存在真理、上帝、不朽、无始无终的状态，那不正是一个强化自我的过程吗？自我投射了那个东西、那个你感觉并相信会来摧毁自我的东西。你投射了一个观念，认为有一个无始无终的延续状态，一个精神实体，之后你就有了一个经验，然而那样的经验只是加强了自我。所以你做了些什么？你并没有真正摧毁自我，只是给了它一个不同的名字、一种不同的品质；自我仍然在那里，因为你经验到了它。所以说，我们的行动，从始至终都是同一种行动，只是我们认为它在进步，在成长，在变得越来越美；然而，如果你向内观察，那是同一个行动在继续，同一个"我"在不同的层面、以不同的标签、不同的名字运作着。

当你看到整个过程，看到自我狡黠、不凡的发明，看到自我的才智，看到它怎样通过认同、美德、经验、信仰和知识来掩盖自己；当你看到头脑在它自己制造的笼子里、圈子里打转，那会怎样？当你意识到这一点，完全认识到这一点，你不会格外地安静吗？——不是因为强迫，不是因为任何奖赏，也不是因为丝毫的恐惧。当你认识到头脑的每一个活动都只是加强自我的一种形式，当你观察它、看着它、在行动中彻底地觉察它，当你来到这一步——不是意识形态上，不是语言上，也不是通过投射的经验，而是当你真正处于那种状态的时候——那时你就会看到，因为彻底静止，头脑失去了造作的力量。头脑制造的任何东西，都在那个圈子里，都在自我的领域中。当头脑不造作，就会有创造，那并不是一个可以识别的过程。

真相、真理，是不可识别的。要让真理现身，信仰、知识、经验、对美德的追求——这一切都要去掉。一个刻意追求美德的有德君子，永远也找不到真相。他也许是一个非常好的人，但那并不表示他是一个热爱真理、敏于了解的人，那完全是两回事。对那个热爱真理的人而言，真理已经出现。一个有德君子，是正义之士，而一个正义之士永远也无法了解什么是真理，因为，对他而言，美德是用来掩盖自我、加强自我的，因为他在追求美德。当他说"我必须不贪婪"，他所经验的那个不贪婪的状态，只是加强了他的自我。为什么贫穷如此重要，原因就在这里；不但要在世俗事物上贫穷，在信仰和知识领域也要贫穷。一个世俗的富人，或者一个富有知识和信仰的人，除了黑暗，永远无法认识任何东西；他们会是一切灾难和痛苦的中心。但如果你我这些个体，能够看到自我的整个运作，就会知道什么是爱。我保证，那是唯一可以改变世界的革命。爱与自我无关；自我无法认出爱。你说"我爱"，然而，就在你说的一刹那，就在经验的一刹那，爱就不在了。然而，你懂得爱的时候，自我就消失了。有爱的时候，自我就不在了。

# 恐惧

恐惧总是跟已知有关，而不是未知。

什么是恐惧？恐惧无法孤立存在，只有在与外物的联系中才存在恐惧。我怎么会恐惧死亡，恐惧我不知道的东西？我只能恐惧我知道的东西。当我说我恐惧死亡，是真的恐惧未知，也就是恐惧死亡吗，还是恐惧失去我已知的东西？我恐惧的并非死亡，而是恐惧失去那些属于我的东西，恐惧失去那份联系，我的恐惧总是跟已知有关，而不是未知。

我现在想问的就是，怎样从对已知的恐惧中解脱，对已知的恐惧，也就是对失去家庭、名誉、个性、银行账户、嗜好等的恐惧。你也许会说，恐惧是由良知引起的；但你的良知是由你的制约形成的，所以良知仍然是已知的结果。我知道些什么？有知识，就是抱有观念，抱有对事物的观点，在与已知的联系中拥有一种延续感，此外别无其他。观念就是记忆，是经验的结果（经验即是对挑战的反应）。我恐惧已知，意思就是我恐惧失去人、事物或观念，我恐惧发现自己的真实样子，恐惧茫然无措，恐惧失去时、一无所获时或者没有更多的快乐时可能会有的痛苦。

存在对痛苦的恐惧。身体上的痛苦是神经性的反应，但当我执着于令我满足的事物，心理上的痛苦就来了，因为那时我就会恐惧别人或别的东西可能会带走它们。只要不被干扰，心理上的累积就能防止心理上的痛苦；意思就是，我是一堆累积之物、一堆经验，这防止了任何形式的严重干扰——我不想被干扰。因此，我恐惧任何干扰它们的人。所以说，我的恐惧与已知有关，我恐惧我所累积的那些东西，那些身体上或心理上的累积之物，我收集它们是为了避开痛苦或防止悲伤。然而，悲伤就在这个避开心理痛苦的累积过程中。知识也有助于防止痛苦。就像医疗知识有助于防止身体上的痛苦，信仰也有助于防止心理上的痛苦，而这正是我恐惧失去信仰的原因，即使我对那些信仰是否现实可靠并无把握。我也许会拒绝某些强加于我的传统信条，因为我自身的经验给了我力量、信心和领悟；但我自己已获得的那些信仰和知识本质上并无不同——也是逃避痛苦的途径。

只要你在累积已知，恐惧就会存在，因为累积已知，就是在制造失去的恐惧。所以，恐惧未知，实际上是恐惧失去累积的已知之物。累积必然意味着恐惧，进而意味着痛苦；你一旦说"我绝不能失去"，恐惧就在了。虽然我累积的初衷是为了避开痛苦，而痛苦却已在累积的过程中等候着我了。我一手制造的东西正是恐惧，也就是痛苦。

防御的种子催生了攻击。我想要身体上的安全，于是就制造出一个主权政府；主权政府需要武装力量，这就意味着战争，而战争却破坏了安全。哪里有自我保护的欲望，哪里就有恐惧。如果我看清了需要安全的荒谬，就不会再累积。如果你说你看清了，可还是禁不住去累积，这是因为你并没有真正看清累积中固有的痛苦。

恐惧存在于累积的过程中，而信仰什么就是累积过程的一部分。我的儿子死了，对重生转世的信仰在心理上为我挡住了不少痛苦；然而，在信仰的过程中，存在着疑惑。在外部世界，我累积物品，引发了战争；在内心世界，我累积信仰，引发了痛苦。只要我想要安全，想要拥有一个银行账户，想要获得快乐，只要我想在生理上或心理上成为什么，就必然有痛苦。我所做的避开痛苦的事情，恰恰导致了恐惧，滋生了痛苦。

当我渴望处于某个模式中，恐惧就产生了。活得没有恐惧，意味着活得没有特定的模式。如果我想要某种特定的生活方式，那本身就是恐惧之源。我的困境就在于，我渴望活在某个框架中。那我就不能打破那个框架吗？只有当我看到真相，才能打破它；真相就是：那个框架导致了恐惧，而恐惧又强化了那个框架。如果我说我必须打破框架，因为我想摆脱恐惧，那么我就只是遵从了另一种模式，而那会导致更多的恐惧。我基于打破框架的欲望而采取的任何行动，只会制造出另一种模式，因而制出恐惧。要怎样打破框架却不引发恐惧呢，也就是没有任何跟恐惧有关的有意识或无意识的活动？这意味着我必须按兵不动，我绝不采取任何行动来打破框架。如果我仅仅只是看着那个框架，不采取任何行动，那会怎样？我看到头脑本身就是那个框架、那个模式，它就活在它为自己制造的惯性模式中。因此，头脑本身就是恐惧。不管头脑做什么，都会强化旧有的模式或助长一个新的模式。这意味着，头脑所做的摆脱恐惧的任何事情，都会导致恐惧。

恐惧找到了各种逃避的途径。常见的一种就是认同，不是吗？——认同国家，认同社会，认同观念。当你看到一支队伍，一队军人或宗教人士，或者当国家面临被侵略的危急关头，你没有注意到你的反应吗？那时，你认同了国家，认同了一个神灵，认同了一种意识形态。其他的时候，你认同你的孩子、你的妻子，认同某种特定的作为或不作为。认同是一个忘我的过程。只要意识到"我"，我就知道会有痛苦、挣扎和无尽的恐惧。但如果我能认同某个更伟大的东西、某个有意义的东西，认同美，认同生活，认同真理，认同信仰，认同知识，就可以逃开"我"，至少暂时逃开，不是吗？如果谈论"我的祖国"，我就暂时忘了自己，不是吗？如果谈一谈上帝，我就忘了自己。如果我能认同我的家庭，认同某个团体、某个政党、某种意识形态，就可以暂时逃避。

因此，认同是逃避自我的一种形式，甚至美德也是如此。追求美德的人，就是在逃避自我，并且他心胸狭隘。那不是一颗具有美德的心，因为美德是一种无法追求的东西。你越想变得高尚，就更加强化了自我、那个"我"。恐惧，以不同的形式为我们大多数人所熟知，它必然会一直寻找替代品，因而必然加剧我们的挣扎。你越认同一个替代品，就会越抓紧你本准备摆脱和弃绝的东西，因为恐惧如芒刺在背。

现在我们知道什么是恐惧了吗？恐惧不就是对实情的不接纳吗？我们必须了解"接纳"这个词。我用那个词的意思，并不是要你努力接纳。如果我理解了实情，就不存在接纳的问题。如果我没有看清楚实情，那就会引发接纳的过程。因此，恐惧就是对实情的不接纳。我是一堆反应、记忆、希望、压抑、沮丧的集合体，我是存在障碍的意识活动的结果，这样的我怎样能超越？没有这样的障碍和阻碍，头脑还能有意识吗？我们知道，没有障碍的时候，就有深刻的喜悦。你不知道当身体极其健康时，会有某种喜悦、某种幸福吗？你不知道当头脑彻底自由、没有任何障碍的时候，当识别的中心也就是"我"不在的时候，你体验到了某种喜悦吗？你没有体验过那种自我不在时的状态吗？显然我们都体验过。

只有当我可以整体全面地看待自我，把它看成是一个整体，才能了解自我并从中解脱。要整体全面地看待自我，我就必须了解一切源自欲望的活动，不辩护，不谴责，不压抑。欲望就是思想的表达——思想与欲望并无不同；如果能明白这一点，我就会知道是否存在超越自我限制的可能。

# 简单

在外在的物质上简单，显然并不代表内心状态也简单。

我想谈谈什么是简单，也许通过探讨那个问题可以发现什么是敏感。我们眼中的简单只是一种外在的表现、一种内敛低调：拥有极少、裹缠腰布、漂泊无家、衣着简朴、存款微薄。显然，那并不是简单，那只是一种外在的表演。在我看来，简单是必要的；但只有当我们开始明白认识自我的意义，才能简单。

简单不是适应一种模式就好了。简单需要大智慧，可不是遵循某种特殊的模式、按部就班那么简单，模式再有价值都是没用的。很不幸，我们大多数人的简单都始于外表，都在外在的事情上做文章。拥有很少的东西，满足于很少的东西，安于清贫，也许还与别人分享自己的那一点点东西，要做到这样是相对容易的。但在外在的物质上简单，显然并不代表内心状态也简单。因为如今的这个世界，外在有越来越多的东西在催迫着我们。生活变得越来越复杂。为了逃开那一切，我们竭力放弃或脱离物质上的东西——脱离汽车、房子、组织、电影，脱离无数外部强加给我们的境遇。我们以为避世隐退就可以简单。很多圣人、很多导师弃世隐退，但在我看来，这种弃世对我们任何人而言都解决不了问题。本质的简单，真正的简单，只能在内心产生；从内心开始，再有外在的表现。那么，要怎样简单，这是个问题；因为那样的简单会让人越来越敏感。一个敏感的头脑、一颗敏感的心灵是必要的，因为只有那时你才能敏于感知、敏于接纳。

显然，只有了解束缚着我们的无数障碍、执着和恐惧，内心才能简单。然而我们大多数人都喜欢被束缚——被人、被财产、被观念所束缚。我们喜欢做囚徒。虽然外表看起来我们可能很简单，但内心却是囚徒。在内心，我们是欲望的囚徒，是需要的囚徒，是理想的囚徒，是无数动机的囚徒。除非我们内心自由，否则是找不到简单的。因此，我们必须从内心开始，而不是在外部下工夫。

如果我们能了解信仰的整个过程，了解头脑为何执着于信仰，就会获得大自由。当我们从信仰中解脱，就会简单。但那样的简单需要智慧，想要智慧就必须觉察自身的障碍。要觉察，就必须时刻留意，不可陷于任何惯性、任何思想或行为模式。毕竟，一个人的内在状态真的会影响外部世界。社会，或任何行为方式，都是我们的自我投射；没有内在的转变，只是依靠法律，对外部世界意义甚微。也许会引起某些变革、某些调整，但我们内在的真实状况总会让外部的苦心经营一败涂地。如果我们内心贪婪、野心勃勃、追求某些理想，那种内在的复杂最终会颠覆和瓦解外在的社会，不管我们谋划得多么周密。

因此，我们必须从内部开始——但并不排斥外在，并不拒绝外部的改变。显然，你是通过了解外部世界，通过弄清楚冲突、斗争、痛苦在外部世界的状况，才得以进入内心的；当我们探究得越来越广，自然就会进入制造了外部冲突和灾难的心理领域。外部状况只是我们内在状态的显现，但要了解内在状态，必须从外部世界着手。我们大部分人都那么做。在了解内心世界的过程中——不排外，不拒绝了解外部世界，而是通过了解外部世界来邂逅内心世界——我们会发现，一旦开始探究复杂的内心，我们就会变得越来越敏感、越来越自由。这内在的简单是至关重要的，因为正是那份简单生出了敏感。一颗不敏感、不警醒、不觉知的心，没有任何接纳的能力，没有任何创造性的活动。循规蹈矩不是简单之道，实际上那只会令我们头脑迟钝、心灵麻木。任何形式的威权强迫，任何由政府、我们自身以及因为要实现理想，等等，所引起的强迫——任何形式的循规蹈矩，必然导致迟钝，导致内心无法简单。你的外表也许循规蹈矩，看上去简单朴素，就像很多宗教人士那样。他们持守各种戒律，参加各种组织，以某种特定的方式冥想，如此等等——这一切看起来都显得简单，但那样的循规蹈矩是无助于简单的。相反，你越是压抑，越是换来换去，越是提升净化，就越不简单，然而你对提升、压抑、替换的过程越加了解，你变得简单的可能性就越大。

我们的问题——社会的、环境的、政治的、宗教的——都实在太复杂，变得学识渊博、聪明绝顶是没有用的，只有变得简单才能解决这些问题。一个简单的人比一个复杂的人看得更直接，有着更直接的经验。我们的头脑塞满知识，满脑子别人说过的话，我们已经无法简单，无法亲自获取直接的经验。这些问题需要新的方法，只有当我们的内心真正简单的时候，问题才能解决。只有认识自我，了解我们自身，了解我们的思考方式、感受方式，了解我们思想的活动、我们的反应，了解我们怎样因为恐惧而随波逐流、人云亦云，怎样对佛陀、基督、伟人圣者们的言教遵行不悖——那一切都表明了我们的本质：循规蹈矩，一心只想安全和稳定——只有了解那一切，才会有那样的简单。追求安全时，我们显然处于恐惧之中，因此就没有简单可言。

没有简单，就无法敏感——无法对树木、飞鸟、山峦和风敏感，无法对这世上围绕着我们的万事万物敏感；如果我们不简单，就无法敏锐地觉察事物在向你吐露着什么。我们大多数人活得非常肤浅，活在我们意识的表层；在那个层面上，我们试图变得有思想有智慧，即变得具有宗教性；在那个层面上，我们试图通过强迫、通过持戒让头脑简单起来。但那并不是简单。如果我们强迫表层的头脑简单，这样的强迫只会僵化头脑，而不会让它变得柔韧、清晰、敏锐。要在意识的整个过程中都保持简单，是相当艰难的；因为你的内心需要没有任何保留，你必须非常热切地想要弄清楚、想要探究我们的存在过程，这意味着清醒地觉察每一个提示、每一个暗示；要去觉察我们的恐惧、我们的希望，去探究它们，去一点一点地从中解脱。只有那时，只有当头脑和心灵真正简单，不再结茧生壳时，才能解决我们面临的诸多问题。

知识解决不了我们的问题。比如，你也许知道生命有轮回，你也许知道死亡不是终点。你也许知道，不是说你真的知道，也许你相信这回事。但那解决不了问题。你的理论、资讯、信念无法把死亡搁置一旁。它比那些东西神秘得多，深刻得多，有创造力得多。

我们必须能够重新探究这一切。因为只有通过直接的经验才能解决我们的问题，要获取直接经验就必须简单，也就意味着必须敏感。知识的重量钝化了心智。过去和未来钝化了心智。只有能在一刻接一刻中持续应对现在的心智，才能面对环境不断带给我们的重大影响和压力。

因此，实际上一个宗教人士并不是穿着长袍或裹着缠腰布的人，不是一日只吃一餐的人，也不是满嘴誓言、要这样不要那样的人，而是一个内心简单、没有任何野心的人。这样的心智具有极大的接纳能力，因为他的心中没有障碍、没有恐惧、没有追求；因此它能迎接慈悲、上帝、真理，不管什么。但如果去追求真相，心就无法简单了。如果去遵循某种内在或外在的权威模式，心就无法敏感了。一颗心，只有真正敏感、警觉，觉察它发生的一切，觉察它的反应、念头，当它不再成为什么，不再塑造自己——只有那时它才能接纳真相。只有那时才会有幸福，因为幸福不是终点——它是真相的产物。当头脑和心灵变得简单而敏感——不是通过某种强迫、引导或欺骗，那时就会看到，我们的问题可以非常简单地解决。不管问题多么复杂，我们都将能全新地处理它们，用不同的眼光看待它们。这就是目前这个时代所需要的人：能够简单而具有创意地全新应对外在的困惑、混乱和对抗——而不是用左派或右派的理论规则来应对。如果你不简单，就无法全新地应对问题。

　　只有这样处理，问题才能解决。如果我们用某种宗教的、政治的或别的什么思维模式来思考的话，就无法全新地处理它们。所以，我们必须从这一切当中解脱，变得简单。为什么觉察这么重要，为什么有能力了解我们自身的思考、全面地认识自我这么重要，原因就是如此；简单源于此，谦卑源于此，谦卑并非一种美德或一项练习。苦心取得的谦卑已不是谦卑。努力让自己谦卑就不再是谦卑。只有心存谦卑，不是那种苦心培养的谦卑，我们才能面对生活中极其紧迫的事情，因为那时我们就不再重要，不再透过自身的压力和重要感看待问题；我们如实看待，然后就能解决它。

# 觉察

你怎样觉察树木，觉察一只鸟的鸣叫？

认识自己，就是认识我们与世界的关系——不只是与观念、与他人的关系，还有与自然、与财物的关系。那就是我们的生活（生活即是与万事万物的关系）。了解那份关系需要专业训练吗？显然不用。需要的只是觉察，把生活视为一个整体来对待。要怎样觉察？那就是我们的问题。要怎样拥有那份觉察力——可以的话，我用这个词不包括专业训练的意思。我们怎样能够把生活视为一个整体来对待？——这生活不仅包括你与邻居之间的私人关系，还包括你与自然、与财物、与观念、与头脑制造的幻觉、与欲望等的关系。要怎样觉察这关系的整个过程？显然，那就是我们的生活，不是吗？抛开关系，就不存在生活；要了解这关系，并不需要你遗世独立。相反，那要求你充分地认识或觉察关系的全部过程。

要怎样觉察？我们是怎样觉察事物的？你怎样觉察你与某个人的关系？你怎样觉察树木，觉察一只鸟的鸣叫？你怎样觉察你读报时的反应？我们觉察头脑的表层反应，也同样觉察内在的反应吗？我们怎样觉察事物？我们首先觉察到的是一个反应、一个对刺激的反应，不是吗？这显而易见。我看到树木，就有一个反应，然后出现感觉、联系、认同和欲望。通常就是这样的过程，不是吗？我们可以观察实际发生的情况，而不需要研究任何书籍。所以，在认同的过程中，你时而快乐时而痛苦；而我们的"能力"就是关注快乐、避开痛苦，不是吗？如果你对某件事感兴趣，如果那件事带给你快乐，你的"能力"马上就有了，马上就能觉察到那个事实；如果事情令人痛苦，你就发展出避开它的"能力"。只要我们在指望"能力"来了解自我，我觉得我们就不会成功；因为了解自我并不取决于能力。那不是一门技术，不是你假以时日不断打磨就可以发展、培养、提高的技术。对自我的觉察显然可以在关系中试验；可以在我们的谈话方式、行为方式上试验。观察你自己，不认同，不比较，不谴责，就只是观察，你会看到特别的事情发生了。你不但结束了无意识的行为——因为我们大部分的行为都是无意识的，而且进一步觉察到了那个行为的动机，无须调查也无须深挖。

觉察的时候，你看到你思想和行为的整个过程，但只有不做谴责，你才能看到。我谴责什么的时候，并没有在了解它，谴责就是逃避了解的一种方式。我认为我们大部分人都故意这么做；我们张嘴就谴责，还以为自己懂了。如果我们不谴责，只是注意它，觉察它，那么那个行为的内涵和意义就会开始展露。试验一下，你就会亲眼看到。只是觉察——不做任何意义上的辩护——也许表面上看起来很消极，但那并不是消极。正好相反，它具有一种被动的品质，那就是直接的行动；如果试验一下，你就会发现这一点。

毕竟，如果你想了解什么，就必须处于一种被动的状态中，不是吗？

你不能一直琢磨它，一直苦思冥想、疑惑重重。你要有足够的敏感去感知它的内容，就像一张敏感的照相底片。如果我想了解你，我就必须处于被动的觉察中，然后你就会开始向我吐露你全部的故事。显然那不是能力或专业训练的问题。在那个过程中，我们开始了解我们自己——不只是了解我们意识的表层，还有重要得多的意识深层；因为那里隐藏着我们全部的动机和意图，我们隐秘而混乱的需求、焦虑、恐惧和嗜好。表面上，也许我们把一切都掌控得很好，但内心里它们却在翻腾不休。显然，除非我们通过觉察彻底了解了那一切，不然就不会有自由，不会有幸福和智慧。

　　智慧是专业训练的问题吗？——就是那种全然觉察我们自身的智慧。那样的智慧可以通过任何形式的专业训练得到培养吗？我们就在这么做，不是吗？牧师、医生、工程师、实业家、商人、教授——我们都拥有那种专业训练的智力。

　　要认识最高形式的智慧，即真理、上帝、不可名状之物——要认识这些，我们以为必须把自己锻炼成专家。我们研究，我们探索，我们寻找；我们凭借专家的头脑或求助于一个专家来研究自己，期望可以借此发展出一种能力，来解决我们的冲突和痛苦。

　　如果有一点觉察力的话，我们就会发现问题在于，日常生活中的冲突、痛苦和悲伤是否可以由别人来解决；如果不能，那要怎样解决它们？要了解一个问题，显然需要某种智慧，而那样的智慧无法由专业训练得到或养成。只有当我们被动地觉察意识的整个过程，即不做选择地觉察我们自身，不判断什么是对什么是错，只有这样智慧才会产生。当你被动地觉察时，你会看到在那种被动中——并非无所事事，并非昏昏欲睡，

觉察　75

而是一种极度的警觉——问题就有了截然不同的意义；这意味着不再认同于那个问题，因此就没有判断，从而问题就开始显露自身的内容。如果你能持续那样做，那么每个问题都能得到根本的解决。那就是困难所在，因为我们大多数人做不到被动地觉察，做不到不进行解读而让问题自己吐露故事。我们不知道怎样冷静地观察问题。很不幸，我们做不到，因为我们想要从问题得到一个结果，我们想要一个解答，我们指望问题能结束。我们要么试图按照自身的快乐或痛苦去解读问题，要么对于怎样处理问题已有了自己的答案。因此，我们用旧的模式处理常新的问题。挑战总是崭新的，但我们的反应总是陈旧的；而我们的困难就在于充分地应对挑战，也就是全面地应对挑战。问题永远与关系有关——与事物的关系，与人的关系，与观念的关系，除此别无其他问题了。要应对关系的问题，应对其不断变换的需求——要恰当地应对它，充分地应对它——我们必须被动地觉察。这种被动无关决心、意志和训练，觉察到我们不在被动的状态就是个开端。觉察到对特定的问题我们想要特定的答案——显然，这就是开端：认识我们与问题的关系，认识我们怎样处理问题。然后，随着我们开始了解自身与问题的关系——我们怎样反应，在应对那个问题时有着怎样的偏见、需要和追求——这样的觉察就会披露我们的思考过程，披露我们的内在本质。那个过程就是一种释放。

显然，重要的是不做选择地觉察，因为选择会导致冲突。选择的人因困惑而选择，如果他不困惑，就不需要选择。只有困惑的人才踌躇于他该怎样不该怎样。思维清晰而简单的人并不选择，是什么，就是什么。基于观念的行动显然就是一种选择，那样的行动不会带给人自由；相反，按照那种局限的思考方式，它只会制造更多的阻碍、更严重的冲突。

因此，重要的是一刻接一刻地觉察，却不累积觉察带来的经验；因为一旦累积，你就只是根据累积的东西、根据那个模式那次经验在觉察。也就是说，你的觉察被你的累积局限了，因而观察不再，只剩下解读。有解读便有选择。选择制造了冲突，而在冲突中不可能有了解。

生命就是关系。要了解那份变动不居的关系，就必须有弹性地觉察，那是一种被动的警觉，而不是主动积极的。我说过，这种被动的觉察不是通过任何一种训练和锻炼达成的。就是一刻接一刻地简单觉察，觉察我们的思考和感受，不只是在我们清醒的时刻；随着探究得更加深入，我们会看到我们开始做梦，我们开始抛开所有用来解梦的符号。于是我们打开了通向隐秘之境的大门，隐秘变成了已知；但要找到未知，我们必须跨过那道门——显然，那就是困难之处。真相不是可以被头脑认识的东西，因为头脑是已知的结果，是过去的产物。因此头脑必须了解它自己，了解它自己的运作，了解它自己的真实状况，只有那时，未知才有可能出现。

# 欲望

我们一直在欲望与欲望之间辗转，不停地换到我们认为更崇高、更尊贵、更精致的对象上。

对我们大多数人而言，欲望可是个大问题：对财产、地位、权力、舒适、不朽、延续的欲望，渴求被爱，渴求获得永恒、持久、心满意足的东西，渴求超越时间的东西。那么，什么是欲望？这个不时催迫着我们的东西是什么？我并不是要大家安于现状，我们想要的恰恰相反。我们想要看看欲望是怎么回事，看看我们是不是能试着探究一下，我认为我们应该有一场变革，但不是仅仅用一种欲望替代另一种欲望。那是我们通常所谓的"改变"，不是吗？不再满足于某种欲望，我们就找一个替代品。我们一直在欲望与欲望之间辗转，不停地换到我们认为更崇高、更尊贵、更精致的对象上，但是，不管多么精致，欲望终归是欲望；在这种欲望的活动中，有着无尽的挣扎和对立的冲突。

因此，弄清楚欲望是怎么回事，弄清楚它是否可以被转变，不是很重要吗？什么是欲望？不就是符号及其感觉吗？欲望就是感觉以及满足它的对象。不包含符号及其感觉的欲望存在吗？显然不存在。那个符号可能是一幅画、一个人、一个词、一个名号、一个意象、一个观念，它带给我某种感觉，令我生起喜欢或不喜欢的感受；如果那个感觉令人愉悦，我就想获取它、占有它、抓住它的象征物，保持在那种快乐中。时不时的，根据我的爱好和热切度，我替换那张画、那个意象、那个对象。一种快乐享受够了，厌了，烦了，就寻求一种新的感觉、新的观念、新的象征物。我拒绝旧的感觉，玩起新的，它有着全新的词句、全新的意义、全新的经验。我拒绝旧的，屈从于我们认为更崇高、更尊贵、更令人满足的新东西。因此，在欲望之中存在着拒绝，存在着诱惑引起的屈从。显然，屈从于某种欲望的象征物，必定潜伏着对挫败的恐惧。

如果观察内心欲望的整个过程，我看到我的心总是有一个追求的对象，希望体会更多的感觉，这个过程就涉及抗拒、诱惑和训练。在这个过程中，存在着理解、感觉、联系和欲望，头脑就成了这个过程的机械工具，其中的象征物、语言、对象就是那个中心，所有的欲望、所有的追求、所有的野心就围绕着它建立起来；那个中心就是"我"。我能消除那个欲望的中心吗——不是消除某个特定的欲望、某种特定的嗜好或渴求，而是消除欲望、渴望、希望的整个结构，在这个结构中始终存在着对挫败的恐惧。我越受挫，就越强化那个"我"。只要我在希望、渴望，背后就一定藏有恐惧，就会再次强化那个中心。做表面文章是没有用的，只有在那个中心下功夫，革命才有可能发生，否则就只是在随便玩玩，表面的变化只会导致无益的行动。

觉察到欲望的整个结构的时候，我就看到了我的头脑怎样变成了一个僵死的中心、一个机械的记忆过程。厌倦了一种欲望，我就自动想要满足另一种欲望。我的头脑总是在运用感觉来经验，它就是感觉的工具。厌倦了一种感觉，我就寻求新的感觉，也许我称之为认识上帝，但那仍然是感觉。我已受够了这个世界的琐碎，我想要宁静，想要永恒的宁静；所以我冥想、控制，为了经验那种宁静，我塑造我的头脑。经验那种宁静仍然是感觉。所以我的头脑是感觉、记忆的机械工具，是一个僵死的中心，我就从那个中心出发思考和行动。我追求的东西都是头脑的投射，那些象征物就是感觉的源头。"上帝""爱""民主""民族主义"——这些词都是象征符号，带给头脑各种感觉，因此头脑执着于它们。你我知道，每一种感觉终会结束，所以我们从一种感觉走向另一种感觉；每一种感觉都强化了寻求更多感觉的习惯。因此头脑沦为了感觉和记忆的工具，我们深陷在那个过程中。只要头脑在寻求更多的经验，它就只能通过感觉来思考；而任何有可能是即刻的、创新的、生气勃勃的、崭新的经验，它都会立即把它们窄化为感觉，并追求那种感觉，于是那感觉就沦为了记忆。因此经验僵死了，而头脑沦为了一潭满是过去的死水。

如果深入探究这个问题，我们就会熟悉那个过程，看起来我们似乎无法超越它。我们想要超越，因为我们已厌倦了这种没完没了的惯性，厌倦了这种对感觉的机械追求，于是头脑就投射出真理或上帝的观念；它梦想有一场大变化，并在那场变化中扮演重要的角色，如此等等。正因此，那种创造性的状态永远不会出现。在内心，我看到欲望的这个过程在继续，它机械、重复，它把头脑禁锢在一个惯性当中，把它视为一个僵死的中心、一个由过去组成的中心，在那当中是没有自发的创造力的。然而，还是会有刹那创造性的时刻，那些无关头脑、无关记忆、无关感觉或欲望的时刻。

因此，我们的问题就是了解欲望——不是去了解它会走得多远，也不是去了解它应在何处终结，而是去了解欲望的整个过程，那渴求、希冀和燃烧的嗜欲的整个过程。大多数人认为不占有就表示从欲望中解脱了——我们是多么崇拜那些拥有极少的人啊！一条缠腰布、一件长袍，象征着我们想从欲望中解脱的欲望；但那还是一个非常肤浅的反应。当你的头脑在无数的需求、无数的欲望、信仰和挣扎中纠缠时，为什么你只是从放弃外在财物的表层开始？显然革命必须从内心开始，而不在于你拥有多少东西或者穿什么衣服，一日吃几餐。但我们却着迷于这些事情，因为我们的头脑非常肤浅。

　　你的问题和我的问题就是，看看头脑是否能从欲望和感觉中解脱出来。显然，创造与感觉毫无关系；真相、上帝，不管叫什么，不是感觉能够经验的状态。当你有了一种经验，那会怎样？那会带给你某种感觉，或兴奋或沮丧。你很自然就会想避开或撇开沮丧的状态；但如果是欢乐的、兴奋的感觉，你就会追求它。你的经验制造出一种愉快的感觉，你就想要更多；而这"更多"强化了头脑那个僵死的中心，就是它在不停地渴求更多的经验。因此头脑无法经验到任何新东西，它没有经验新东西的能力，因为它的方式始终是记忆与识别；通过记忆被识别到的东西，不是真理，不是创造，不是真实存在。这样的头脑无法经验真相，它只能经验感觉，而创造并不是感觉，它是一刻接一刻恒久常新的东西。

　　那么，我认识到了自己的头脑状态，我看到它是感觉和欲望的工具，更准确地说，它就是感觉和欲望，它常常机械地陷入惯性之中。这样的头脑是无法接纳或感知新东西的；因为新东西必定是超越感觉的东西，而感觉始终是陈旧的。所以，这个机械的过程及其所有的感觉必须结束，不是吗？想要更多的欲望，对象征物、词语、形象及其感觉的追求——这一切都必须结束。只有那时，头脑才可能处于一种具有创造力的状态，只有在那种状态中，新东西才能出现。如果你能不被语言、习惯、观念所迷惑，如果你能看到新东西不断影响头脑有多么重要，那么，也许你就会了解欲望的过程，了解惯性、倦怠以及对经验的那种无止境的渴望。然后，我想你就会开始明白，对于一个真正寻求真理的人来说，欲望在生活中是没有什么意义的。当然，我们有一些物质上的需求：食物、衣服、住所，诸如此类。但这些东西永远不会成为心理上的嗜好，不会成为头脑这个欲望中心的地基。在基本的物质需求之外，任何形式的欲望——对伟大、真理、美德的欲望——都成了一个心理过程，头脑就通过这个过程建立"我"这个观念，并围绕"我"这个中心强化它自己。

当你看清楚这个过程，当你真正觉察到它，既不反对也不被引诱，既不抗拒也不辩护或评断，你就会发现你的头脑能够接纳新东西了，而那新东西绝不是一种感官享受；因此它永远无法被识别，被重温。那是一种存在的状态，在那种状态中，记忆退避，创造力不请自来。那就是真相。

# 关系与孤立

我们并不了解关系，因为我们只是利用关系，关系只是我们取得更多成就、更大改变、成为大人物的途径。

生活就是经历，就是经历关系。我们无法孤立地生活，所以生活即是关系，而关系即是行动。如何才能获得了解关系的能力，也就是了解生活的能力？关系既意味着与他人的交流，也意味着与事物和观念的密切联系，不是吗？生活就是关系，那体现在它与事物、与他人、与观念的联系中。在了解关系的过程中，我们就会获得全面、充分地应对生活的能力。所以，我们的问题不在于能力——因为能力不取决于关系——而取决于对关系的了解，一旦对关系有所了解，就自然会产生快速应变、快速调整、快速反应的能力。

显然，关系是一面镜子，你可以从中发现你自己。没有关系，你就并不存在。存在就是进入关系；进入关系就是生活。你只存在于关系中；否则你并不存在，生活也就没有意义。并不是因为你认为你活着，所以你就存在。你存在是因为你处于关系中；因为缺乏对关系的了解，才引起了冲突。

我们并不了解关系，因为我们只是利用关系，关系只是我们取得更多成就、更大改变、成为大人物的途径。但其实关系是发现自我之道，因为关系即存在，它就是生活。没有关系，我就并不存在。要了解我自己，就必须了解关系。关系是一面镜子，我从中看到自己。那面镜子可以被扭曲，也可以如实映照。但我们大多数人从关系中，从那面镜子中看到的是我们想看到的东西；我们看不到真实的状况。我们宁愿理想化、逃避，宁愿活在未来，也不想了解此时此刻的关系。

如果查看我们的生活，查看我们与他人的关系，我们会看到这是一个孤立的过程。我们实际上并不关心他人；虽然嘴上说得动听，但实际上我们并不关心。只有当那段关系可以满足我们、庇护我们、符合我们的需求时，我们才与他人进入关系。然而一旦关系中出现干扰，开始令人不快，我们就会放弃那段关系。换句话说，只有当我们被满足时，才有关系。这话听起来也许很刺耳，但如果你真正去查看你的生活，非常仔细地查看，你会看到事实就是如此。无视事实，就是活在无知之中，这样就永远无法产生正确的关系。如果我们深入生活、观察关系，我们看到这是一个对他人建立防御的过程，我们建起一道墙，向外窥视、观察他人；不管那是一道心理上的墙，还是具体实在的墙，不管是经济上的墙，还是民族上的墙，我们总是保留那道墙，藏身在后。只要我们活在孤立中，活在高墙之后，就不存在与他人的关系；我们封闭地活着，因为那更合我们的心意，我们认为那样安全得多。世界如此四分五裂，有那么多的悲伤，那么多的痛苦、战争、破坏和灾难，所以我们想要逃避，我们在心理上筑起高墙，想要活在那安全的高墙之内。所以，我们大多数人的关系实际上是一个孤立的过程，显然这样的关系形成了一个同样孤立的社会。这就是全世界的现状：你藏身于你的孤立之中，将手伸出墙外，把它称作国家主义、四海一家或别的什么，但实际上主权政府、军队却继续存在。你依然固守着你的局限，却认为你可以创造世界大同，创造世界和平——这是痴人说梦。只要你有一个边界，不管是国家的、经济的、宗教的还是社会的边界，世界显然就不可能和平。

孤立的过程就是一个寻求权力的过程。不管我们是为个人、为种族，还是为国家集体寻求权力，就必然会有孤立，因为对权力、地位的欲望，就是分离主义。说到底，那就是我们每个人想要的，不是吗？不管在家、在办公室，还是在政府机构，他想要一个大权在握的高位，可以供他主导支配。每个人都在寻求权力，在寻求权力的过程中，他会建立一个基于权力、军队、工业、经济等的社会——这也是不言自明的。对权力的渴望，其本质就会导致孤立，不是吗？我认为了解这一点非常重要，因为人类如果想要一个和平的世界，一个没有战争，没有可怕的破坏，没有重重灾难的世界，就必须了解这个根本的问题，不是吗？一个人如果善良、仁慈，就不会想要权力，因此这样的人就不属于任何国家、任何旗帜。他没有旗帜。

没有孤立生活这回事——因为没有国家、没有人们、没有个人可以生活在孤立中。然而，因为你以多种不同的方式寻求权力，你便滋生了孤立。当你筑起高墙对抗什么时，会怎么样？会有东西不断地敲击你的墙。当你对抗什么，那对抗本身就表示你与他人处于冲突之中。所以，国家主义，是一个孤立的过程，是寻求权力的结果，无法为世界带来和平。一个人，如果是国家主义者，他谈论四海一家就是在说谎；他活在矛盾之中。

我们可以活在世上却不求权力、不求地位，不求权威吗？显然是可以的。如果不去认同那些更伟大的东西，我们就能做到。更伟大的东西——国家、种族、宗教、上帝，认同更伟大的东西就是寻求权力。因为你内心空洞、无聊、软弱，你就想认同某个伟大的东西。这种认同伟大东西的欲望就是对权力的欲望。

　　关系是一个自我揭示的过程，不认识自己，不认识我们的头脑和心灵，只是建立外在的秩序、体系、狡猾的规则，是没有什么意义的。重要的是在与他人的关系中了解自己。那么关系就不会成为一个孤立的过程，而是一个变动的过程，你在其中发现你自己的动机、想法和追求；那样的发现就是解放的开端、转变的开端。

# 思考者与思想

*我和贪婪并非两个不同的状态；只有一个东西存在，那就是贪婪。*

在我们所有的经验中，始终存在着一个经验者、一个观察者，它要么在不断累积，要么在自我克制。那不是个错误的过程吗？那种追求不是无法带来创造的状态吗？如果那个过程是错误的，我们可以把它彻底清除、弃之不顾吗？如果我经验的时候，不是以思考者的身份在经验，如果我觉察到那是一个错误的过程，并且看到真实的情况是思考者即思想，只有这时才能彻底清除它。

只要我在经验什么，只要我在成为什么，就必然存在二元对立，必然会有思考者和思想两个独立运作的过程；二者没有合一，总是有一个中心在运作，在行动的意志力的作用下运作着，想成为什么或不想成为什么——以集体的名义、个人的名义、国家的名义，等等。一般来说，这就是那个过程。只要努力被分裂为经验者和经验，退化就必定存在。只有当思考者不再充当观察者，合二为一才有可能。换句话说，我们现在知道，存在着两种不同的状态：思考者和思想、观察者和被观察之物、经验者和被经验之物，我们要努力的就是融合这二者。

行动的意志总是二元对立的。是否有可能超越这种引起分化的意志，发现一种不存在二元对立的行动状态呢？只有当我们直接经验到思考者即思想，才能发现那个状态。我们现在认为，思想是思想，思考者是思考者，两者是分开的，但果真如此吗？我们喜欢这么认为，因为那样一来思考者就可以通过他的思想解释事情。思考者时而多些努力时而少些努力；因此，在那样的挣扎中，在意志的行动中，在"成为什么"的过程中，始终存在着退化之因；我们在追求一个虚假的过程，而非一个真实的过程。

思考者和思想是分开的吗？只要这两者是独立的、分开的，我们的努力就是徒劳的；我们在追求一个虚假的过程，它具有破坏性，它是退化的一个因素。我们以为思考者独立于他的思想。当我发现自己贪婪、冷酷、占有欲强烈，我认为自己不应该这样。于是思考者就努力改变他的思想，为了"成为什么"而做出种种努力；在那个努力的过程中，他追求着一个幻象，他以为存在着两个独立的过程，然而过程只有一个。我认为那当中就藏有根本性的退化因素。

有没有可能经验那样一种状态：其中只有一个统一体，而没有两个独立的过程，一个是经验者，一个是经验？那样一来，也许我们就能弄清楚具有创造力是怎样的，并弄清楚任何时候处于任何关系之中都不退化的状态又是怎样的。

我贪婪。我和贪婪并非两个不同的状态；只有一个东西存在，那就是贪婪。如果我意识到我是贪婪的，那会怎样？可能由于社会因素，可能由于宗教因素，我会努力不贪婪；那样的努力始终会局限于一个小圈子；我也许扩展那个圈子，但它总是局限的。因此，退化之因就在那里。

然而，当我看得更深入、更仔细一点儿的时候，我看到做出努力的那个人就是贪婪之因，他就是贪婪本身；我还看到，并不存在"我"是"我"、贪婪是贪婪这回事，而是只有贪婪。如果认识到我是贪婪的，认识到并不存在一个贪婪的观察者，而是我本身就是贪婪，那么整个问题就完全不一样了；我们对它的反应也截然不同了，那么我们的努力就不会造成破坏。

如果你的整个存在就是贪婪，如果你的任何行为都是贪婪，你会怎样？不幸的是，我们并没有沿着这些思路往下思考。我们认为，存在着一个"我"，一个高高在上的"实体"，一个在控制、在支配的士兵。在我看来，那个过程是具有破坏性的。它是个错觉，我们知道我们为什么那么做。为了延续自我，我把自己分为高等的部分和低等的部分。如果彻头彻尾地只存在贪婪，不是"我"在左右着贪婪，而是全部的我都是贪婪，那会怎样？显然那时一个完全不同的过程就开始运作了，一个不同的问题出现了。那个问题是具有创造性的，在那个问题中，没有一个"我"在支配什么，在成为什么，不管是正面的还是负面的成为。我们想要具有创造性，就必须达到那种状态。在那种状态中，不存在做出努力的人。这不是嘴上说说，也不是试试看那种状态是怎样的；如果你那样着手，就不会成功，你永远弄不清楚。重要的是看清楚做出努力的人和他努力的那个对象是同一个东西。要看到头脑怎样把自己分化为高等的部分和低等的部分——那高等的存在就是安全，就是永存的实体——却仍然继续思想的过程，因而继续时间的过程，看到这一点需要极高的理解力和觉察力。如果能直接经验到这一点，你就会看到一个截然不同的因素出现了。

# 思考能解决问题吗

自我是思想无法解决的问题。必须有一种不属于思想的觉察。

思想并没有解决我们的问题，我认为它永远解决不了。我们指望理智能为我们摆脱纷繁指明一条出路。理智越狡猾、越可怕、越精明，体系、理论和观念就越繁杂。而观念解决不了人类的任何问题，它们从来没有解决过，也永远解决不了。头脑解决不了问题，思想这条路显然是走不通的。在我看来，我们应该首先了解思维的过程，之后也许才有超越的可能——因为当思想停止时，也许就能找到一条有助于我们解决问题的出路，不只是个人的问题，还包括大众的问题。

思考没有解决我们的问题。聪明人、哲学家、学者、政治领袖，实际上没有解决我们人类的任何问题——这些问题涉及你和他人的关系、你和你自己的关系。到目前为止，我们一直使用头脑、智力帮助我们研究问题，希望借此找到解决的办法。但思想解决过我们的问题吗？除了在实验室里或绘图板上，思想不是一直都在保护自己，延续自己，它不是一直受困于局限吗？它的行为不是自我中心的吗？这样的思想能解决任何它自己制造的问题吗？头脑制造了种种问题，它能收拾自己一手造成的烂摊子吗？

显然，思想是一个反应。如果我问你一个问题，你就会做出回应——你根据你的记忆、你的偏见、你的教养，根据风气思潮，根据你受限的整个背景做出回应；你据此回应，你据此思考。这个背景的中心就是行动中的"我"。只要那个背景没有被了解，只要那个思想过程、那个制造问题的自我没有被了解，没有被终结，我们就注定要深陷冲突，思想、感情、行动——里里外外都是冲突。不管多么明智，多么深思熟虑，没有任何办法可以结束人与人之间、我与你之间的冲突。有了这样的认识后，对思想是怎样产生的、源自哪里也有所了解后，接下来我们就会问，"思想到底能不能终结？"

那就是我们面临的问题之一，不是吗？思想能解决我们的问题吗？通过思考问题，你解决它了吗？任何问题——经济的、社会的、宗教的——曾经被思考真正解决过吗？在你的日常生活中，你越思考一个问题，它就变得越复杂、越难解、越难以琢磨。不是这样吗？——在我们日常的现实生活中。也许，由于想到了问题的某些方面，你更清楚地明白了另一个人的观点，但思想无法看到问题的全局和整体——它只能看到局部，一个局部的解答不是全局的解答，因此并不是解决的办法。

我们越苦思一个问题，越细究、分析、讨论，它就变得越复杂。那么，可不可能全面、完整地观察问题呢？这有可能吗？因为，在我看来，那就是主要的困难。问题在成倍地增加——战争的危险迫在眉睫，我们在关系中又麻烦重重——我们怎样能全面、完整地了解那一切？要解决它，显然只能把它当作一个整体看待——而不是局部、分裂地看待。什么时候才能做到那样？显然，只有终结思考的过程才能做到那样；思考的根源就在于"我"——那个处于传统、制约、偏见、希望和绝望的背景中的自我。我们能了解这个自我吗？不是通过分析来了解，而是通过如实看待那个东西，把它当作一个事实而非一个理论来认知？——不是抱着达成目标的想法来消除自我，而是在行为中不断地观察自我的活动，观察那个"我"的活动？我们可以抛开任何摧毁它或助长它的念头而只是单纯地观察它吗？问题就出在这儿，不是吗？如果在每个人内心，那个作为中心的"我"不存在的话，如果"我"对权力、地位、权威、延续、自我保护的欲望不存在的话，显然我们就不会有问题了！

自我是思想无法解决的问题。必须有一种不属于思想的觉察。觉察自我的活动，而不进行谴责或辩护——就只是觉察，那就够了。如果你觉察的时候抱着目的，想弄清楚怎样解决问题，想转化它，想有个结果，那就还是在自我的领域、在那个"我"的领域中打转。只要我们在寻求一个结果，不管是通过分析、通过觉察，还是通过不断地检视每一个思想，我们就还是在思想的领域里打转，也就是还没走出"我""自我"，或不管称之为什么。

只要头脑在活动，显然就不可能有爱。如果人间有爱，我们就不会有社会问题。然而爱不是你可以获取的东西。头脑可以设法去获取爱，就像获取一种新的思想、一个新的小玩意儿、一种新的思维方式；然而，只要思想在获取爱，心就不可能处于爱的状态中。只要头脑在追求一种不贪婪的状态，心就依然是贪婪的，不是吗？相同地，只要在期待、在期望、在练习，以期达到一种有爱的状态，显然就是在背道而驰，不是吗？

看到这个问题，这个复杂的生活问题，并且觉察到我们自身的思考过程，认识到它实际上毫无出路——当我们深刻地认识到这一点，那么显然智慧就产生了，那既不是个人的智慧，也不是集体的智慧。那么关系的问题——个体与社会、个体与集体、个体与现实的问题也就不存在了；因为那时就只存在智慧，那既不是个人的智慧，也不是非个人的智慧。我认为，只有这个智慧才能解决我们无数的问题。我们不能把智慧定为目标；只有了解思考的整个过程，不是只在意识层面了解，还要在更深更隐秘的层面上有所领悟，智慧才会出现。

要了解任何这类问题，我们必须拥有一个非常安静的头脑、一个寂然不动的头脑；那样，它就可以抛开任何观念或理论，抛开任何干扰而单纯地观察问题。那就是我们的困难之一——因为思想已经成了干扰。想要了解什么、观察什么的时候，我并不需要思考它——只是观察就好。一旦开始思考，开始搬出观念、观点，我就已经处于分心干扰的状态，就已经偏离了我必须了解的事情。所以，出现问题的时候，思想会成为干扰——思想即观念、观点、判断、比较——那会妨碍观察，从而妨碍了解以及问题的解决。不幸的是，对我们大部分人而言，思想已变得非常重要。你说"不思考我要怎样生活？我怎能脑袋空空？"头脑空白就是一种愚蠢、痴呆的状态，你本能的反应就是排斥这样的状态。但是显然，一个非常安静的头脑，一个没有被它自己的思想干扰的头脑，一个开放的头脑，它可以非常直接、非常简单地观察问题。不受任何干扰地观察问题，这样的能力才是唯一的解决之道。要这样，就必须有一个宁静、寂静的头脑。

这样的头脑并不是一个结果，不是练习、冥想、控制的最终产物。它不是通过任何形式的训练、强迫或压抑而形成的，也不是任何"我"的努力、思想的努力的结果。当我了解了思考的整个过程——当我可以心无旁骛地看到一个事实，这样的头脑就出现了。头脑真正寂然不动时，在那种平静的状态中，爱就在了。只有爱才能解决人类所有的问题。

# 头脑的功能

头脑的功能就是分化，否则你的头脑就没在作用。

观察你自己的头脑的时候，你不仅在观察所谓的头脑的表层，也在观察无意识层面；你在察看头脑实际的运作，不是吗？那是你研究的唯一方式。不要附加什么它应该怎样做、应该怎样思考、怎样行动，等等，那相当于只是随口说说。意思就是，如果你说头脑应该这样不应该那样，那就不是在研究和思考；或者如果你引用某些高高在上的权威的话，同样不是在思考，不是吗？如果你引用佛陀、基督或某某人的话，那么所有的追求就结束了，所有的思考和研究就结束了。所以我们必须防止这一点。如果你想和我一起研究这个自我的问题，就必须抛开头脑所有的小把戏。

头脑的功能是什么？要弄清楚这个问题，就必须知道头脑实际的工作。你的头脑在做些什么？都是些思考过程，不是吗？没有在思考的话，头脑就不存在了。在意识或无意识层面，只要头脑没有在思考，就不存在意识。在日常生活中，我们每天使用头脑，大多数人却对它浑然不觉，我们要来弄清楚，头脑在生活的各种问题上扮演了什么角色。我们必须如实地观察头脑，而不预设它应该怎样。

头脑运作的时候是怎样的？实际上那是一个孤立的过程，不是吗？本质上那就是思想的过程。它以一种孤立的形式思考，但维持着统一体的面貌。观察你自己的思考，你就会看到它是一个孤立、零碎的过程。你在根据你的反应思考，根据你的记忆、经验、知识、信仰的反应思考。你对一切做出反应，不是吗？如果我说必须有一场根本的革命，你马上就有反应。如果你在精神上或其他方面投资得不错，你就会反对"革命"那个词。所以，你的反应取决于你的知识、信仰和经验。这是明显的事实。人们会有各种各样的反应。你说"我必须亲切""我必须合作""我必须友爱""我必须善良"，等等。这些是什么？这些都是反应，但思考的根本性反应就是一个孤立的过程。你们每个人观察自己的头脑，意思就是观察你自己的行为、信仰、知识和经验。这一切都带给你安全，不是吗？它们给思考带来安全和力量。那个过程只是强化了"我"，强化了头脑和自我——不管你称之为高等的自我还是低等的自我。我们所有的宗教、所有的社会约束、所有的法律都是为了支持个体，支持单独的自我，支持分离的行动；与之相对的则是极权主义的状态。如果你深入到无意识，那里也有同样的过程在运作。在无意识中，我们是一群被环境、潮流、社会、父亲、母亲、祖父所影响的人。在无意识中，同样有个体的主张，有"我"的支配欲望。

我们知道，头脑的运作是一个孤立的过程，我们每天就是那么运作的。你不就在寻求个人的拯救吗？未来你会成为人物，或者说这一生你将成为一个伟人、一个大作家。我们整个的倾向就是分化、孤立。头脑可以跳脱出这一倾向吗？头脑能不能不以一种分化的、自我封闭的、分裂的方式思考？那是不可能的。所以，我们崇拜头脑，头脑格外重要。难道你没发现，一旦你稍微聪明一点儿，稍微机灵一点儿，稍微积累一些信息和知识，立即就会在社会上炙手可热吗？你明白自己是多么崇拜那些才智卓越的人，那些律师、教授、演说家、大作家、解说家和评论家！你一直在培养你的智力和头脑。

头脑的功能就是分化，否则你的头脑就不在作用。千百年来我们都在培养这个过程，最后发现我们已没有合作的能力；我们只能被权威、恐惧（不管是经济的还是宗教的恐惧）所推动、强迫和驱使。如果那就是实际的状态，不仅在意识层面如此，而且在更深的层面，在我们的动机、意图和追求中也如此，我们怎么可能合作？怎么可能有智慧团结起来做出行动？正因为那几乎不可能，所以宗教和社团组织就迫使个人遵守戒律和约束。如果想团结起来一起做点什么，约束就变得必不可少。

直到我们明白怎样超越这种引起分化的思考，怎样超越这个强调"我"和"我的"的过程，不管是以集体的形式还是以个人的形式，在那之前我们不会有和平，我们会不断地冲突，不断地爆发战争。我们的问题就是，怎样结束引起分化的思想过程。思想是个语言表达的过程，也是个做出反应的过程，这样的思想摧毁过自我吗？思想不过就是反应，思想并不具有创造性。这样的思想能结束它自己吗？那就是我们想要弄清楚的问题。当我想着"我必须约束自己""我必须更正确地思考""我必须这样或必须那样"，思想就在强迫它自己，逼迫它自己，约束它自己要怎样、不要怎样。那不就是个孤立的过程吗？因此它不是那完整的智慧，智慧是整体运作的，只有智慧才能带来合作。

你要怎样结束思想？更准确地说，孤立、分裂、局部的思想要怎样结束？你要怎样着手？你所谓的约束可以摧毁它吗？显然，这么多年来你一直没有成功，不然你不会来这里。请查看一下约束的过程，它仅仅是个思想的过程，在这个过程中存在着服从、压抑、控制和支配——这种种都在影响着无意识，当你年纪日长，它就会冒出来兴风作浪。努力了那么久，却毫无结果，你必定已发现约束显然不是摧毁自我的方法。自我无法通过约束来摧毁，因为约束是一个强化自我的过程。然而你们所有的宗教都在支持它，所有的冥想、所有的主张都建立在这个基础上。知识可以摧毁自我吗？信仰可以摧毁自我吗？换句话说，为了深入自我的根源，我们现在所做的任何事情，我们目前参与的任何行动，会成功吗？思想的过程即是一个孤立的反应过程，在这个过程中的任何行为根本就是在浪费时间，不是吗？当你彻底地、深深地认识到思想无法结束它自己，你会怎么办？你会怎样？观察你自己？当你充分意识到这个事实，会怎样？你明白任何反应都是受制约的，都处于制约之中，不管是最初还是最后都不可能有自由——自由总是在最初，而不在最后。

当你认识到任何反应都是一种制约，因此以不同的方式延续了自我，这实际上是一个怎样的过程？你必须对这件事情非常清楚。信仰、知识、戒律、经验、达成目标的整个过程、野心、在这辈子或下辈子功成名就——这一切都是一个孤立的过程，一个导致破坏、灾难、战争的过程；借助集体的行动是逃脱不了这一切的，不管你被集中营之类的事情威吓得多么厉害。你觉察到那个事实了吗？头脑说"是这样的""那就是我的问题""我确实处于那种情况""我看到知识和戒律可以做什么，我看到野心在做什么"，这时的头脑是怎样的状态？显然，当你明白了那一切，一个不一样的过程就在运作了。

我们看到理智之道，却没有看到爱之道。爱之道无法由理智来发现。为了让爱有立足之地，理智及其所有的分支，连同其所有的欲望、野心、追求都必须结束。难道你没发现当你在爱的时候、合作的时候，你就没有在考虑自己吗？那就是最高的智慧——而你高高在上施爱的时候，或者身居要职的时候，就只存在恐惧。如果你有既得利益，就不可能有爱，有的只是出于恐惧的剥削。所以，只有当头脑退席，爱才能现身。因此你必须了解头脑的整个过程，了解头脑的功能。

　　只有当我们懂得怎样彼此相爱，才能有合作，才能生出智慧，才能团结起来面对任何问题。只有那时，我们才能弄清楚什么是上帝、什么是真理。然而现在，我们却试图通过智力、通过模仿——即盲目崇拜来寻找真理。只有当你在理解之后彻底摒弃自我的整个结构，那个永恒的、无始无终的、不可测度的存在才会出现。你不能去找它，它会来找你。

# 自欺

我们制造欺骗，然后成为它的奴隶。

我想来谈谈或者说仔细思考一下自欺的问题，那些头脑沉溺于其中的幻觉，我们把那些幻觉强加给自己，也强加给别人。这是件非常严肃的事情，特别是世界正面临着这样的危机。但要了解自欺的整个问题，我们不能只停留在语言的表层，而要深入挖掘到它的本质。我们太容易满足于正面和反面的说辞；我们老于世故，由于老于世故，因而无所作为，只一味希望某些事情会发生。我们看到对战争的解释并没有阻止战争；有数不清的历史学家、理论家、宗教人士在解释战争，解释它是怎样形成的，但战争依然继续，也许比以前更具破坏性。我们当中真正热切的人，必须跳出语言的束缚，寻求内心根本的革命。这是唯一的补救措施，是人类唯一恒久、彻底的救赎之道。

同样的，在讨论这种自欺问题的时候，我认为我们应该防止任何肤浅的解释和回答。可以的话，在听讲的同时，我们应该结合自己的日常生活去追踪问题；也就是说，我们应该在思想和行动中观察自己，观察我们怎样影响他人，怎样我行我素。

自欺的理由和基础是什么？有多少人真正意识到我们在欺骗自己？"什么是自欺，它是怎样产生的？"在回答这个问题之前，难道不是要先意识到我们在欺骗自己吗？我们知道自己在欺骗自己吗？我们所指的这种欺骗是什么意思？我认为这个问题非常重要，因为我们越是欺骗自己，欺骗的力量就会越大；因为我们从中获得了某种活力、某种能量、某种能力，这必然会促使我们把欺骗强加给他人。所以，慢慢地，我们不仅欺骗自己，也欺骗他人。自欺就是一个相互影响的过程。我们意识到这个过程了吗？我们以为自己能清晰、直接、目标明确地思考；我们有没有意识到，在这个思考的过程中存在着自欺？

　　思想本身不就是个寻求的过程？不就是一个寻求正当理由、寻求安全、寻求自我保护的过程？不就是一种赢得别人好感的欲望，一种获得地位、名声和权力的欲望？这种在政治上、宗教上、社会上功成名就的欲望，不正是自欺的肇因吗？一旦我的欲望超出了纯粹的物质必需品，我不就制造了一种轻易相信的状态？举个例子：很多人对死后发生的事情很感兴趣；年纪越大，就越感兴趣。我们想要知道其中的真相。要怎样找出真相？显然不是通过阅读或是听各种解释。

　　你将如何弄清楚这个问题？首先，你必须彻底净化你的头脑，清除所有的障碍——所有的希望、所有长生的欲望、所有想弄清楚彼岸有什么的欲望。因为头脑始终在寻求安全，它想要长生不老，它希望找到实现的方法，希望将来能继续活着。这样的头脑，虽然它在寻找死后的真相，寻找转世之类的真相，但它是无法发现那个真相的，不是吗？重要的不在于转世是否真有其事，而是头脑怎样通过自欺为一个不确定的事实寻求理由。重要的是处理问题的方法，你带着怎样的动机、怎样的意图、怎样的欲望来处理它。

求道者总是把欺骗加诸自己，没人能强加给他，是他自己这么做的。我们制造欺骗，然后成为它的奴隶。自欺的根本原因就是这种不断想要在此世和来生成就什么的欲望。我们知道想要在此世成就什么会有怎样的结果；那就是彻底的混乱，每个人都在和别人竞争，每个人都打着和平的旗号毁灭他人；你们清楚我们彼此在玩的整个游戏，那是一种极度的自我欺骗。在另一个世界，我们同样想要安全和地位。

所以一旦存在这种成就什么、达成什么的动机，我们就开始欺骗自己。这是头脑很难摆脱的一个东西。那是我们生活的一个基本问题。有没有可能活在这个世界上却做个无名之辈？只有那时才能免于一切欺骗，因为只有那时头脑才没有在寻求一个结果，没有在寻求一个令人满足的答案，没有在寻求任何形式的正当理由，没有在任何关系中寻求任何形式的安全。只有当头脑认识到欺骗的种种可能和微妙之处，因而带着那份了解摒弃一切理由，摒弃对安全的渴望，那才有可能——那时，头脑就能死心塌地安于无名了。做得到吗？

只要存在任何形式的自欺，我们就不可能有爱。只要头脑善于制造并强加幻觉，显然它就不会致力于共同理解。那就是我们的困难之一，我们不知道怎样合作。我们就知道设立一个目标，然后一起努力达成它。只有当你我没有一个思想制造的共同目标时，才可能有合作。重要的是认识到只有当你我不想达成任何目标时，合作才有可能。当你我想要达成什么，那么信仰之类的东西就变得必要了，自我投射的乌托邦就不可或缺了。但如果你我不求闻达地创造，没有任何自欺，没有任何信仰和知识的障碍，没有任何对安全的渴望，那时就会有真正的合作。

我们能够合作吗？我们能够没有目的地齐心协力吗？你我可以一起工作却不求结果吗？显然那才是真正的合作，不是吗？如果你我想出、筹划出、设计出一个目标，齐心协力朝着目标努力，那么这是一个怎样的过程？我们的思想、我们的理智当然是一致的；但在情感上，整个存在也许在抗拒它，这就造成了欺骗，造成了你我之间的冲突。这在我们日常生活中是显而易见的事实。你我在理智上同意实行某项工作，但在无意识深处，你和我却互相敌对。虽说我和你共事，但我想要一个令我满意的结果；我想要支配，我想要把我的名字排在你的前面。所以，我们两个虽是那个计划的发起者，表面上我们都同意那个计划，但实际上却彼此对立。

弄清楚你我是否能合作、沟通，弄清楚微不足道的你我是否能共同生活在这个世界上，是否能真正切实地合作，不是表面上的合作，而是在根本上同心同德，这不是很重要吗？那就是我们最重要的问题之一，也许就是最重要的那个。我认同某个东西，你也认同那个东西，我们两个都对它感兴趣，我们两个都想要实现它。显然这个思想的过程非常肤浅，因为认同导致了我们的分化——这在我们的日常生活中显而易见。你是印度教徒，我是天主教徒；我俩都鼓吹仁爱，却又势不两立。为什么？那就是我们的问题之一，不是吗？在我们的无意识深处，你有你的信仰，我有我的信仰。通过谈论仁爱，我们并没有解决信仰的整个问题。我们只是在理论上、理智上有共识，但在内心深处，我们其实彼此对立。

那些障碍带给我们某种活力，但它们就是一种自欺，在消除这些障碍之前，你我之间不可能有合作。通过认同一个团体，认同某种观念，认同某个国家，我们永远无法实现合作。

信仰没有实现合作；相反，它导致了分裂。我们看到一个政党如何反对另一个，每一个政党都相信某种处理经济问题的方式，所以他们都在斗来斗去。他们并没有打算要解决问题，比如饥饿问题。他们关心理论，关心那个将会解决问题的理论。实际上他们并不关心那个问题本身，他们关心的是会解决问题的方法。因此两方就必定会争论，因为他们关心的是观念而非问题。同样的，宗教人士也互相反对，虽然口头上他们说他们拥有同一种生活、同一个上帝。你们知道那些论调的。在内部，他们的信仰、他们的观点、他们的经验正在破坏他们、分化他们。

经验已成为人类关系中的分裂因素，经验就是一种欺骗方式。如果我经验到什么，我就紧抓不放，我不去探究整个经验的过程；因为经验到了，那就够了，我就紧抓不放；因而通过那个经验，我强行自欺。

困难就在于，我们每个人都过于认同某种信仰，某种实现幸福、实现经济调整的方式方法。我们的头脑被那个东西所占据，无法再深入探究问题。因此，我们都想冷漠地待在各自特定的方式、信仰和经验中。除非通过了解从而解除这些问题——不是表面上解除，而是在深层上根本地解除——在这之前，世界不会有和平。对那些真正认真的人来说，了解这整个问题——成为、达成、获取的欲望——不是泛泛地了解，而是深刻地了解问题的根本，是非常重要的，这就是原因所在。否则，世界不会有和平。

真理不可求取。对那些企图抓紧爱，想要认同爱的人，爱无法降临。显然，当头脑不再寻觅，当头脑完全安静，不再制造念头和信仰时，当它不再依赖信仰，不再从中汲取力量，即不再自欺时，那样的东西才会降临。只有当头脑了解了欲望的整个过程，它才能静止下来。只有那时，头脑才能跳出念头的起起落落；只有那时，才可能有一种状态，其中没有任何欺骗。

# 自我中心

*"我"的自我中心的行为是一个时间的过程。*

我认为，大多数人已发现，提供给我们的每种信仰、每种激励都是为了抵制自我中心。宗教又是许诺，又是吓唬，又是各种谴责，想尽办法劝人不要总是自我中心。因为这些不管用，政治组织就接手过来。还是信仰，还是终极的乌托邦希望。每一种法规，从最局限的到最极端的，包括集中营，都被用来镇压各种抵抗。然而我们继续自我中心，仿佛那是我们唯一知道的行为方式。如果我们有所反思，就会调整自己；如果有所觉察，就想做些改变。但在根本上，在内心深处，我们依然如故，并未彻底停止那类行为。那些深思的人已有所觉察；他们也觉察到，只有源自那个中心的行为停止，才有幸福的可能。大多数人理所当然地认为，自我中心是自然的，随之而来的行为，是不可避免的，只能调整、改造和控制。那些认真一点儿、热切一点儿的人，不是诚心——因为诚心是一种自欺——必须弄清楚，了解到自我中心的整个过程后，我们是否能够超越它。

要了解这种自我中心是怎么回事，显然，我们必须查看它、观察它、认识它的整个过程。如果我们能认识它，就有了消除它的可能；但要认识它，需要某种领悟、某种如实面对事物的意愿，而不是去解读它、调整它、谴责它。我们必须觉察我们在做什么、觉察所有源于自我中心的行为，我们必须意识到这种行为。主要的困难在于，一旦意识到那种行为，我们就想改造它、控制它，或者谴责它、调整它，所以我们很少能直接地观察它。我们很少有人知道怎样做才正确。

我们认识到，自我中心是有害的，是具有破坏性的；我们也认识到每一种认同——比如认同国家，认同某个团体，认同某种欲望，寻求一个此生或来世的目标，颂扬某个观念，追求某个模范、某种美德等——本质上都是一个自我中心的人的所做所为。我们全部的关系——与自然的关系，与他人的关系，与观念的关系——都是那种行为的结果。明白了这一切，我们要怎么办？所有这类行为必须自行终止，而不是靠自我强加、受他人影响或引导。

大多数人都意识到，这样的自我中心造成了灾难和混乱，但我们只是在某些方面有所觉察。我们要么只在别人身上观察它，对自己的行为却无知无觉；要么在与他人的关系中发现了自身的自我中心，却想改变它、替代它、超越它。在能够处理它之前，我们必须知道这个过程是怎样形成的，不是吗？要了解什么，就必须能观察它；而要观察它，就必须知道它在不同层面上的各种行为，包括意识层面和无意识层面——意识层面的指令以及无意识驱动下的自我中心的活动。

只有在反对什么的时候，意识受到挫败的时候，"我"渴望达成目标的时候，我才意识到"我"的这种行为，不是吗？或者，当快乐结束却想要更多快乐时，我就意识到了那个中心；然后就会产生抗拒，就会有目的地改造头脑，那会让我高兴、满意。刻意追求美德的时候，我就会意识到我自己以及我的行为。显然，一个刻意追求美德的人并没有美德。谦卑无法被追求，那正是谦卑美之所在。

这种自我中心的过程是时间的结果，不是吗？只要在任何向度上存在这个活动中心，有意无意地，就会有时间的活动，我就会意识到过去、现在以及未来。"我"的自我中心的行为是一个时间的过程。正是记忆延续了那个中心的活动，那个中心即是"我"。观察你自己，觉察这个活动中心，你就会看到它只是个时间的过程、记忆的过程，它根据记忆在经历和解读每一个经验。你还会看到那种自我活动就是认知，那也是一个头脑的过程。

我们能摆脱这一切吗？也许偶尔可以，大多数人都做过一些无意识、无意图、无目的的事情。但有可能永远彻底地从自我中心的行为中解脱出来吗？这是一个非常重要的问题，我们要好好问问自己，因为只是提出问题，你就会找到答案。如果你觉察到这种自我中心的行为的全部过程，在你意识的不同层面上充分认识它的行为，那么你当然就会问自己，那种行为是否可能终止。你的思考可能不落于时间的范畴吗？可以不思考我应该怎样、我曾经怎样、我现在怎样吗？因为以这种思考为起点，整个自我中心的活动过程就开始了；同时也开始了决心成为什么、决心选择什么、逃避什么的行为，那一切都是涉及时间的过程。我们在那个过程中看到了无尽的苦难、不幸、混乱、扭曲和堕落。

显然，时间的过程不具有革命性。在时间的过程中，没有改变，只是不断地延续；除了认知，别无他物。只有当你彻底结束时间的过程、结束自我的行为，才会有革命，才会有改变，才会有新东西出现。

觉察到"我"的整个活动过程，头脑要怎么办？只有更新，只有革命——不是走一条进化的路，不是走一条"我"成为什么的路，而是彻底终结"我"——才会有新东西出现。时间的过程无法带来新东西，时间不是创造之道。

不知你们当中谁享受过创造的时刻。我不是指把某个想法付诸实践的创造，我所说的创造的时刻是指不在认知的时刻。那一刻，有一种非凡的状态，在那个状态中"我"消失了，也就是认知的行为停止了。如果我们有所觉察，就会看到在那个状态中，不存在一个在记忆、翻译、识别、认同的经验者；不存在思想的过程，即与时间有关的过程。在那种创造的状态中，在那种创造新事物的状态中，在那无始无终之中，"我"停止了所有的活动。

我们的问题显然就是：头脑是否能处于那个状态，不是有时，不是偶尔，而是——我不会用"永恒"或"永远"之类的词，因为那就关系到时间了——而是抛开时间处于那种状态中。显然那就是我们每个人重大的发现，因为那就是爱的大门；所有其他的门都是自我的行为，哪里有自我的行为，哪里就没有爱。爱无关时间，你无法练习爱。如果你练习爱，那它就是"我"的自我意识的行为，它希望通过爱来达到目的。

爱与时间无关。你无法通过任何有意识的努力，通过任何训练、任何认同来邂逅爱，那些过程都涉及时间。头脑，只熟悉涉及时间的过程，它无法认出爱。爱是唯一恒久常新的东西。由于大多数人在培育头脑，那个结果涉及时间，所以我们并不了解什么是爱。我们谈论爱；我们说我们爱他人，爱我们的孩子、妻子、邻人，还说我们爱自然；然而一旦意识到我们在爱，自我的活动就出现了，因此就不再是爱了。

只有通过关系才能了解头脑的整个过程——与自然的关系，与他人的关系，与自身投射的关系，与周围万事万物的关系。生活就是关系。即使我们也许想从关系中抽身而出，但我们永远生活在关系之中。虽然关系令人痛苦，但我们不能逃避，不能孤立自己，不能去做个隐士之类。所有这些方法都是自我在活动。看到这整个图景，意识到时间呈现为意识的整个过程，如果没有任何选择，没有任何明确坚定的意图，没有对结果的欲望，你就会看到这个时间的过程自动停止了——那并不是引导的结果、欲望的结果。只有那个过程停止的时候，爱才会出现，它是恒久常新的。

　　我们不必去追寻真相。真相并非远在天边，那就是关于头脑的真相，关于一刻接一刻的头脑活动的真相。如果我们觉察到这种一刻接一刻的真相，觉察到时间的整个过程，那份觉察就会释放意识或能量，也就是释放智慧与爱。只要头脑把意识当作自我的活动，时间就会出现，它所有的痛苦、所有的冲突、所有的不幸、所有有目的的欺骗就会出现。只有了解了这整个过程，让头脑停工，爱才能降临。

# 时间与转变

我们大多数人习惯性地认为，要转变，时间是必要的：我是这样的，要把我实际的样子变成应该的样子需要时间。

我想稍微谈一谈什么是时间。我认为，只有了解时间的整个过程，才能经验到那无始无终的真实之物的美、丰盈与意义。说到底，我们每个人都在以他自己的方式，追寻一种幸福和丰盈的感觉。显然，一种有意义的生活，一种有着真切的幸福与丰盈的生活，是无关时间的。那样的生活，正如爱，是无始无终的。要了解无始无终之物，绝不能指望时间，但我们要了解时间。我们绝不能利用时间来获得、认识和理解那无始无终之物。我们大半辈子一直在做的事就是：花时间努力理解那无始无终之物。所以，要了解我们所指的时间是什么意思，这很重要，因为我认为从时间中解脱是可能的。把时间看作一个整体而非局部来了解，是非常重要的。

我们大部分的生活，都奔走在从此时间到彼时间的征程上，认识到这一点非常有意思。那不是指顺时流逝的时间，不是指分钟、小时、日和年的那个时间，而是指与心理记忆有关的时间。我们依赖时间而活，我们是时间的结果。我们的头脑是许许多多个昨日的产物，而现在只是过去通向未来的渠道。我们的头脑、我们的行为、我们的存在，就建立在时间之上。没有时间，我们无法思考，因为思想就是时间的结果，思想就是许许多多个昨日的产物，而没有记忆就不存在思想。记忆即时间；因为存在着两种时间，物理时间和心理时间。存在着由钟表来呈现的昨日和由记忆来承载的昨日。你不能拒绝物理时间，那就不可理喻了——你会错过你的火车。但物理时间之外还存在着任何时间吗？显然，存在着昨日这样的时间，但存在着头脑所惦念的时间吗？离开头脑还存在时间吗？显然，心理时间就是头脑的产物。没有思想这个基础，就没有时间——这时间不过是昨日的记忆，它跟今日有关，并影响明日。也就是说，关于昨日的经验的记忆，对现在做出反应，从而创造了未来——这依然是个思想的过程，是头脑的方式。思想过程导致了时间中的心理过程，但那是真实的吗？像物理时间那样真实吗？那个时间跟头脑有关，我们可以利用它来了解永恒，了解无始无终之物吗？我说过，幸福与昨日无关，幸福不是时间的产物，幸福总是当下的，是一种无始无终的状态。不知你有没有注意到，当你心醉神迷之时，当你处于一种创造性的喜悦中，当你看到一片明亮的云团被乌云所包围，在那一刻，时间并不存在：只有即刻的当下。头脑在这当下的经验之后就介入进来，记下它并希望延续它；头脑自身积累得越来越多，因而制造了时间。所以，时间是被"更多"制造出来的；时间是获取，时间也是分离，但仍然是头脑的一种获取。因此，只是在时间中训练头脑，只是在时间的框架中制约思想，也就是制约记忆，显然是无法披露那无始无终之物的。

转变是个时间问题吗？我们大多数人习惯性地认为，要转变，时间是必要的：我是这样的，要把我实际的样子变成应该的样子需要时间。我贪婪，有着贪婪引起的困惑、敌意、冲突和痛苦；要实现转变，即变得不贪婪，我们认为必需一段时间。也就是说，时间被认为是改进事物、达成事情的途径。问题就在这里：我们暴力、贪婪、嫉妒、愤怒、邪恶或暴躁。要改变实情，时间是必要的吗？首先，为什么我们想要改变实情，想要带来变化？为什么？因为我们现在的状况令人失望：它制造冲突、干扰；由于不喜欢那种状态，我们就想要更好、更高贵、更理想的状态。因此我们渴望转变，因为现状痛苦、不快、充满冲突。时间能克服冲突吗？如果你说它会被时间克服，那你就仍然活在冲突中。你也许说需要二十天或二十年来摆脱冲突，来改变你现在的状态，但在那段时间里你仍然身陷冲突，因此时间无法带来转变。如果利用时间来取得一种品质、一种美德或者一种生存状态，那我们就只是在拖延或逃避真实的状况。我认为明白这一点很重要。在我们与他人息息相关的世界里，即在社会中，贪婪或暴力引起痛苦和干扰；意识到这种不舒服的状态，这种我们称之为贪婪或暴力的状态，我们对自己说："假以时日，我会摆脱的。我会实践非暴力，我会实践不嫉妒，我会实践和平。"那么，你想要实践非暴力是因为暴力是一种不舒服的状态，一种冲突的状态，你认为假以时日你会达到非暴力，克服冲突。实际上怎样呢？你身陷冲突却指望达到没有冲突的状态。那么，那种没有冲突的状态是假以时日的结果吗？显然不是；因为，在你达到非暴力状态的过程中，你仍然处于暴力的状态，因而仍然处于冲突之中。

我们的问题就是，冲突、干扰可以在一段时间后被克服吗？不管是几天、几年还是几辈子？如果你说"我会在一段时间后实践非暴力"，那会怎样？实践本身就表示你处于冲突之中，不是吗？如果你没有在抗拒冲突，就不会去实践；你说为了克服冲突，抗拒冲突是必要的，而要抗拒，你就必须有时间。但对冲突的抗拒本身就是一种冲突。你耗费能量抗拒冲突，抗拒你称之为贪婪、嫉妒或暴力的那些冲突，但你的心仍然处于冲突之中，因此依赖时间来克服暴力的过程是错误的，看到这一点很重要，因此我们要摆脱那个过程。然后你就能真实地存在——你有着心理上的障碍，你就是暴力本身。

要了解任何事情、任何人或任何科学问题，什么是关键，什么是必不可少的？一个安静的头脑，不是吗？一个专心了解的头脑。那并不是一种排外的状态，并不是努力专注的状态——那还是在努力抗拒。如果我真的想要了解什么，头脑立即就会安静下来。当你想要听音乐或看一张你喜爱的、很有感觉的图片时，你的头脑是怎样的状态？立即就安静了，不是吗？当你听音乐时，你的头脑不会神游四方，你就是在听。同样的，当你想要了解冲突，你完全不再依赖时间；你只是简单地面对实情，也就是冲突。然后很快头脑就安静了，停下来了。如果你不再依赖时间来转变实情，只因你看到了那个过程的谬误，那你就会直面实情；由于你有了解的兴趣，头脑自然而然就会安静。在那种警觉却被动的头脑状态中，就存在着了解。只要头脑还处在冲突、责怪、抗拒、谴责中，就不可能有了解。如果我想了解你，就绝不能谴责你，显然如此。正是那个安静的头脑、寂然不动的头脑带来了改变。当头脑不再抗拒，不再逃避，不再摒弃或批判实情，而是简单被动地觉察，在那种被动中，如果你真的在探究问题，你就会发现——转变产生了。

革命只能发生在现在，而不在未来；新生就在今天，而不在明天。

如果尝试一下我刚才所讲的，你会发现立即就有新生，一种崭新、鲜活的品质；因为当头脑有兴趣时，当它有了解的欲望或意图时，它总是静止不动的。大多数人的困难在于，我们没有了解的意图，因为我们心有所惧，我们害怕如果有所领悟，也许会掀起一场生活革命，我们可不要这样。如果我们利用时间或某个理想走渐进式改革的道路，那是防御机制在作怪。

因此，新生只能发生在当下，而不在未来，不在明天。一个人，如果依赖时间来获得幸福、认识真理或上帝，那他只是在欺骗自己；他活在无知之中，因而也就活在冲突之中。一个人，如果看到时间不是摆脱困境的方法，并因而从这个错误中摆脱，这样的人自然就有了解的意愿；因此他的头脑会自动安静下来，无需强迫，无需练习。当头脑寂然不动，没有在寻求答案或解决方法，当它既不抗拒也不逃避——只有那时才会有新生，因为那时头脑就能了解什么是真实。带给你自由的是真相，而不是你想要自由的努力。

# 力量与领悟

只有当头脑彻底摆脱了分析者、经验者及被经验之物，才可能有真相。

我们看到，社会、人心、各种私人关系和团体关系都需要彻底的改变，怎样实现这个改变？如果我们遵循头脑投射的某个模式，遵循精心制订的某个合理计划来达成改变，那么这个改变就仍然在头脑的领域，因此不管头脑计划了什么，都会变成目标和愿景，我们会不惜牺牲自己和他人来实现它。如果你怀着这样的主张，那么人类就不过是头脑制造的产品，头脑意味着遵循、强迫、残酷、独裁和集中营——所有这一类事情。如果我们崇拜头脑，就会发生那一切，不是吗？如果我认识到了这一点，如果我看到了规范、控制的徒然，如果我看到形形色色的压抑只是强化了"我"和"我的"，我该怎么办？

要全面思考这个问题，我们必须探究什么是意识。不知你们自己有没有思考过这个问题，还是只是引用权威们对意识的看法？不知你是怎样从自己的经验、从自己对自我的探究中了解意识的含义的——不仅包括日常活动的意识，也包括内心深处隐秘的、更为丰富、更难以了解的那部分。如果我们要讨论内心的根本变化，进而是世界的根本变化，讨论在这种变化中唤起一种洞察力，一种热情、热诚、信念、希望和笃定，那是促使我们行动的必要动力——如果要了解那一切，不是有必要探究这个意识的问题吗？

我们明白头脑表层的意识是什么意思。显然，那是一个思考过程，也就是思想。思想是记忆的结果，是语言表述的产物；它是为了交流而对某些经验进行命名、记录和储存。在这个层面上，还存在各种压抑、控制、惩罚和纪律。这一切我们都相当熟悉。如果再深入下去，还有整个种族的积累、隐秘的动机、集体和个人的野心、偏见，那些都是感觉、交流和欲望的结果。这整个意识，隐秘的部分以及公开的部分，都集中在那个"我"、那个自我的观念上。

我们讨论怎样实现改变的时候，通常指的是意识表层的改变，不是吗？通过决定、结论、信仰、控制、抑制，我们挣扎着达到想要的、渴望的表层目标，我们希望借助头脑深层的无意识达到那个目标，因此我们认为披露我们的深层是有必要的。但在表层和所谓的深层之间有着无尽的冲突——所有的心理学家，所有追求自我认识的人都充分意识到了这一点。

这种内在的冲突会带来改变吗？我们日常生活中最根本最重要的问题不就是：怎样实现我们内心彻底的改变？只是表层的改头换面有用吗？了解意识即"我"的不同层面，披露过去，披露从孩提时代到现在为止的各种私人经验，查看审视内心来自父亲、母亲、祖先、种族的集体经验以及我所处的特定社群的制约——分析那一切会带来改变吗？那种并非只是调整的改变。

我感觉到，显然你也一定感觉到，我们的生活必须有根本的改变——

这个改变不是一种反应，不是环境所需迫不得已的产物。要怎样实现这样的改变？我的意识就是人类经验的总和以及我与当下的交汇接触，那会产生改变吗？研究我自己的意识，研究我的行为，觉察我的思想和感受，平心静气地观察而不谴责，那样的过程会带来改变吗？通过信仰，通过认同，以一个投射的意象为目标，美其名曰"理想"，那样会有改变吗？那一切不都意味着真实的我和应该的我之间的某种冲突吗？冲突会带来根本的改变吗？我始终挣扎在自我和社会之间，不是吗？在我真实的样子和我想要成为的样子之间存在着无尽的冲突。这样的冲突、这样的挣扎会带来改变吗？我看到改变是必要的；查看意识的整个过程，挣扎，训练，实践各种压抑的方法，我会有改变吗？我感觉到，这样的过程是无法带来根本的改变的。对此，我们必须完全确定无疑。如果那个过程无法实现根本的转变，无法实现内心深处的革命，那要怎么做才可以？

要怎样实现真正的革命？实现那种革命的力量或创造性能量是什么？它要怎样释放出来？你试过了持戒自律，你试过了追求理想和各种思辨理论；那些理论认为你就是上帝，认为如果你能领悟到神性或经验到宇宙的大我，经验到最高的存在之类的，那么那份领悟本身就会带来根本的变化。会吗？你首先假定存在一个真相，你是其中的一部分，并且围绕着那个假定建立起各种理论、推测、信仰、教义、假说，你根据那些东西生活；你按照那个模式思考、行动，你希望那种方式能带给你根本的变化。可行吗？

假设你认为，就像大多数所谓的宗教人士认为的那样，在你的内心深处，从根本上讲，蕴藏着真相的本质；如果你培养美德，进行各种训练、控制、压抑、否定、牺牲，就能接触到那个真相，然后所需的改变就会产生。这种假设不仍然是思想的一部分吗？它不是一个受局限的头脑的产物吗？这个头脑从小就养成了按照某种方式、某个模式思考的习惯。你制造了意象、观念、理念、信仰、希望，然后指望你制造出来的东西带来彻底的变化。

我们必须首先看到"我"、看到头脑极其细微的活动，我们必须意识到其中的观念、信仰、思考并把那一切放到一边，因为它们都是骗人的，不是吗？别人也许经验到了真相；但如果你没有经验到，去思索或想象你自己本质上是某种真实、永恒、神圣的东西，又有什么好处？那仍然是在思想的范畴里打转，任何源自思想的东西都是有局限的，都是涉及时间和记忆的东西，因此不是真实的。如果我们真的认识到了这一点——不是推理，不是想象也不是犯傻，而是真正看到其中的真相，即头脑的任何活动、推理性的探求、哲学式的求索、任何假设、任何想象或希望都不过是自我欺骗——那么，能带来根本改变的创造性的能量、力量到底是什么？

也许，来到这一步，我们已经启用了意识头脑；我们跟随着论据，或反对或接受，或看得清楚或还模模糊糊。要进一步探讨，要有更深入的体验，就需要一个安静而警觉的头脑来弄清楚问题，不是吗？这不再是在追求观念，因为，如果追求观念，那就是一个思考者在追随别人说过的话，所以立即就制造了二元对立。如果想要深入探究这个根本变化的问题，不是有必要让活跃的头脑安静下来吗？显然只有当头脑安静下来，关于思考者和思想、经验者和被经验之物，观察者和被观察之物分化为二的问题，其中的艰深和复杂含义才能被了解。只有当思考者和思想合二为一，只有当思考者控制思想这样的二元对立不存在时，这种创造性的心理革命，也就是没有"我"的状态才会产生。我认为，只有这种体验才能释放创造性的能量，并反过来实现根本性的革命，破除心理上的"我"。

我们知道权力的方式——通过支配获得权力，通过规范获得权力，通过强迫获得权力。我们希望通过政治权力推行彻底的变革，但那样的权力只会滋生更多的黑暗，暗藏解体的罪恶并导致"我"的强化。我们熟悉个人或团体以各种方式各取所需，但我们从未尝试爱之道，我们甚至不知道那是什么意思。只要存在思考者，存在"我"那个中心，爱就没有可能。认识到这一切，我们要怎么办？

显然，唯一能实现根本性变化，带来创造性心理释放的，就是每日的警觉，就是一刻接一刻地觉察我们的动机，觉察意识和无意识。当我们认识到规范、信仰、理想只是强化了"我"，因此毫无用处——如果我们一天天地认识这一点，看到其中的真相，当思考者一直把自己与他的思想、他的观察、他的经验分开，不就来到了问题的核心？只要思考者脱离他的思想而存在，即试图支配它的思想，就不可能有根本的改变。只要"我"是那个观察者，那个聚集经验、借助经验强化自身的人，就不可能有彻底的变化和创造性的释放。只有当思考者与思想融为一体，创造性的释放才会产生——但不能动用任何努力来弥平思考者和思想之间的隔阂。当头脑认识到任何的思考、任何的语言表达、任何形式的思想都只是强化了"我"，当它看到只要思考者抽离于思想而存在，就必定有局限，必定有二元对立的冲突——当头脑认识到那一点，它就会警觉，就会不断地觉察到它是怎样把自己从经验中分化出来，维护自身并寻求权力的。在那样的觉察中，如果头脑追踪得更加深入、更加广阔，却并没有寻求一个结果和目标，那种思考者与思想合一的状态就会出现。在那种状态中，没有努力，没有要成为什么，也没有改变的欲望；在那种状态中，"我"并不存在，因为一种无关头脑的改变已经产生了。

只有当头脑一片空静，才有创造的可能，我可不是在说大多数人会有的那种肤浅的空静。大多数人有一种肤浅的空静，这表现在我们总是渴望找点乐子。我们想要娱乐，所以就去看书，听广播，听讲座，找专家；头脑在一刻不停地填充自己。我也不是在谈无思无虑的那种空静。相反，我在谈的那种空静需要经历一番深思熟虑，它是头脑看到自身制造幻觉的能力并从中超越的结果。

只要存在一个思考者，只要它抱着积累经验、强化自身的目的在等待、关注和观察，就不可能有创造性的空静状态。头脑能清空所有的符号、语言及其感觉吗？那样一来，就不存在一个一直在积累的经验者了。头脑能彻底抛开所有的推理、经验、负担和权威而进入空静的状态吗？当然，你回答不了这个问题。这是你不可能回答的问题，因为你不知道，你从未试过。然而，可以的话请容我提议，听一听这个问题，把这个问题放在心里，让它播下一颗种子。如果你真心倾听它，如果你不抗拒它，它就会开花结果。

只有新东西才能带来改变，而不是旧东西。如果你追求旧的模式，任何的变化就都只是旧东西的改头换面；其中没有任何新的东西，任何创造性的东西。只有头脑本身焕然一新，创造才能产生；只有当它能够看到自身的所有活动，不只是表层活动，还有深层的活动，它才能更新自己。当头脑看到自身的活动，觉察到自身的欲望、需求、冲动、追求，觉察到它在制造自己的权威和恐惧，看到自身中由于规范、控制而造成的抗拒，以及投射为信仰和理想的希望——当头脑看透这整个过程，它就能抛开一切，焕然一新地进入创造性的空静状态吗？如果你能毫无成见地试验一下，如果你没有抱着要经验到那个创造性状态的企图，就会搞清楚它能还是不能。如果你想经验到那种状态，你会如愿；但你所经验到的并非创造性的空静，那不过是欲望的投射。如果你渴望经验到新东西，你就只是沉溺于幻觉；但如果你开始观察，开始时时刻刻地觉察你自身的活动，开始像照镜子一样关注你自身的全部过程，那么，随着你探究得越来越深，就会来到这个空静的终极问题，只有在空静中，才能有新东西。

真理、上帝什么的，是不可经验的，因为经验者是时间的结果，是记忆和过去的产物，只要存在经验者，就不可能有真相。只有当头脑彻底摆脱了分析者、经验者及被经验之物，才可能有真相。然后，你就会找到答案，你会看到改变不请自来，看到那种创造性的空静状态是不可培养的——它就在那里，它悄然而至，无须邀约。只有在那种状态中，才有重生、更新和变革的可能。

# PART 02

已知与未知

# 论当前的危机 [①]

　　人并不重要——系统、观念变得重要了。

　　提问者（简称"问"，下同）：你说当前的危机史无前例。它在哪方面不同以往呢？

　　克里希那穆提（简称"克"，下同）：显然，当前整个世界的危机不同以往，史无前例。人类历史上，不同阶段出现过各种不同的危机，社会危机、民族危机、政治危机。危机一直在来来去去；经济衰退、萧条到来，一切不过改头换面，以另一种形式继续。我们都知道那些；我们对那个过程很熟悉。显然，当前的危机是不同的，不是吗？它的不同首先是因为它涉及的不是金钱，也不是具体的实物，而是观念。危机的特殊性在于它是思想领域的问题。我们为观念争辩，我们把杀人合法化。世界各地都在把杀人合法化，把它当作达成正义的手段，这一点本身就是史无前例的。[②]以前，邪恶就是邪恶，杀人就是杀人，但现在，为了

---

　　① 20世纪上半叶，第一次世界大战和第二次世界大战先后爆发。克氏在本篇文章中针对两次世界大战所引发的世界危机，探讨危机产生的心理根源以及其对人类造成的巨大伤害。——编者注
　　② 这里指20世纪发生的两次世界大战。——编者注

达到高尚的目标，你可以杀人。杀人，不管是杀一个人还是一群人，都是合法的，因为杀手或者杀手代表的集团声称，杀人是为了达到一个有益人类的目标。也就是说，我们为了未来牺牲现在——采取什么手段无关紧要，只要我们宣称其目的是为了达成一个目标，为了一个所谓的有益人类的目标。因此，那意思就是说，一个错误的手段会产生一个正义的结果，而你们通过编织理论美化错误的手段。在以往发生过的各种危机中，主要都是对物的利用，对人的利用，现在却是对观念的利用，这更为有害，更为危险。因为利用观念是相当具有破坏性，相当具有毁灭性的。我们已经领教了宣传的威力，那是可能发生的最可怕的灾难之一：利用观念改造人类。这就是目前全世界的现状。人并不重要——系统、观念变得重要了。人不再具有任何价值。我们可以毁灭千百万人，只要我们打造一个目标，一个被观念美化的目标。我们有一个宏伟的思想结构，我们用它来美化邪恶，显然这是史无前例的。邪恶就是邪恶，它无法带来美好。战争不是获取和平的途径。战争也许能带来一些次要的好处，比如效能更好的飞机，但它不会为人类带来和平。理智上，战争被说成是获取和平的途径，当理智在人类生活中占了上风，它就会造成空前的危机。

还有其他的原因也表明这是一个空前的危机。其一，人类极度重视感官价值、财产、名誉、阶级和国家，极其重视特定的某个标签。你要么是印度教徒，要么是基督徒。名誉和财产、阶级和国家，变得头等重要，这意味着人类困在了感官价值中，困在了物品的价值中，不管是头脑还是手工打造的物品。手工或头脑打造的物品变得凌驾一切，我们为了它们屠杀、毁灭、清算彼此。我们已濒临悬崖的边缘；每一个行为都在把我们带向那里，每一个政治行为、经济行为都不可避免地把我们带向悬崖，拖入混乱无序的深渊。因此危机是前所未有的，需要前所未有的行动来解除它。要走出那个危机，需要采取不依赖于时间的行动，它不是建立在观念、体系之上的行动，因为任何基于体系和观念的行动，必然导致挫折。这样的行动只会换另一条路把我们带向深渊。因为危机前所未有，必然也需要前所未有的行动来解除它，意思就是，个人的革新必须是即刻的，而不是一个依赖时间的过程。它必须现在就发生，而不是明天。因为明天是一个衰败的过程。如果我打算明天才改变自己，我就引入了混乱，我就仍然陷于败坏的境地。可不可能现在就改变？可不可能马上、立刻就改变我们自己。我认为是可能的。

关键在于，由于危机的空前性，要应对它必须有一场思维的革命。这场革命不能靠他人、靠任何书籍、任何组织来促成。它必须通过我们，通过我们每个人。只有那时候，我们才能缔造一个新的社会、一个新的结构，远离这样的恐怖，远离这些正在累积、汇聚的极度破坏性的力量；只有当你作为个人开始在每一个思想、行动和感觉中觉察自己的时候，这样的转变才会发生。

# 论民族主义

对宏大之物的认同，对国家、对观念的认同，显然是一种自我扩张的形式。

问：如果民族主义消失，会出现什么？

克：显然是智慧。但恐怕这个问题想问的并不是这个。它实际想问的是，什么可以替代民族主义？任何替代都是无法带来智慧的举动。如果我脱离一种宗教加入另一种，或者脱离一个政党随后加入另一派，这种不断的替代表明的是一种毫无智慧可言的状态。

民族主义怎样消失？只有依靠我们了解它的全部含义，查看它，觉察它外在、内在的每个行动的意义。在外部，它导致人与人之间的分裂，引起分化、战争和破坏，这一点大家都有目共睹。在内部，在心理上，这种对宏大之物的认同，对国家、对观念的认同，显然是一种自我扩张的形式。我生活在一个小村庄或大城镇之类的地方，我默默无闻、微不足道；但如果我把自己与一个宏大之物、跟国家相认同，如果我称呼自己是印度人，这就迎合了我的虚荣，带给我满足、声望和一种幸福感。对于那些认为自我扩张是必要的人而言，那种与宏大之物的认同，是一种心理需要，它制造了人与人之间的冲突和争斗。因此，民族主义不但制造了外在的冲突，而且还造成了内在的挫折。当我们了解了民族主义，了解了民族主义的整个过程，它就消失了。要了解民族主义，需要智慧，需要仔细地观察，探究民族主义的整个过程。智慧就源自那样的查看，然后就不会再有其他的什么来替代民族主义。一旦你用宗教替代民族主义，宗教就会变成另一种自我扩张的方式，另一个心理焦虑的源头，一种通过信仰满足自己的方式。因此，任何一种替代，不管多么高尚，都是一种无知。这就像有人用嚼口香糖或槟榔之类的来戒烟，然而如果一个人真的明白了烟、习惯、感官、心理需求等的整个问题，就不会再吸烟。只有智慧在增长，在起作用时，你才能了解，但如果存在替代品，智慧就没有起作用。替代只是一种自我贿赂，引诱你不做这个却做那个。只有智慧才能消除民族主义的影响，但智慧不是仅仅通过考试、研究书本得到的。当我们在问题产生时即进行了解，智慧就产生了。当我们在不同的层面了解问题，不但了解它的外部也了解它的内部，了解心理方面的寓意，那么，在那个过程中，智慧就形成了。所以，有智慧就不会有替代；有智慧，民族主义这样的行为，就会消失。

# 何须精神导师

显然，如果你很幸福，如果你没有问题，如果你对生活了然于心，就不会去找任何古鲁。

**问：**你说古鲁是不必要的，但没有明智的帮助和指导，我要怎样找到真理？只有古鲁才能提供那些。

**克：**问题在于古鲁是否必要。我们可以借助他人发现真理吗？有些人说可以，有些人说不行。我们想要弄明白这当中的真相，而不是要得出一个找的观点来反对别人的观点。我在这件事情上没有观点。要么是，要么不是。你是否应该有一个与古鲁无关观点。事情的真相不取决于观点，不管那观点多深刻、多博大、多风行、多普遍。实际上，事情的真相需要被发掘。

首先，为什么我们需要古鲁？我们说我们需要古鲁，因为我们困惑，而古鲁能提供帮助；他会指出什么是真理，他会帮我们了解，他对生活知道得比我们多，他会像父亲、像导师一样在生活中指导我们；他经验丰富，而我们所知甚少；他会用他不平凡的经验帮助我们，如此等等。也就是说，基本上，你去找一位导师是因为你困惑。如果你心思洞明，就不会去接近古鲁。显然，如果你很幸福，如果你没有问题，如果你对生活了然于心，就不会去找任何古鲁。希望你能看到这一点的意义。因为困惑，你就去寻找导师。你找他，希望他给你指出一条生活之道，从而厘清你自身的困惑，找到真理。你选择古鲁，是因为你困惑，你希望他会给你答案。也就是说，你会选择一个可以满足你的需要的古鲁；你根据他是否让你满意来做出选择，你的选择取决于他是否让你满意。你不会选择一个要你"依靠你自己"的古鲁。你根据自身的偏见做出选择。所以，你并不是在寻找真理，只是在寻找脱离困惑之道，因为你是根据是否让你满意在选择古鲁。脱离困惑之道被误称为真理。

我们先来检查这个观念，即古鲁可以清除你的困惑。有人能清除我们的困惑吗？困惑是我们的反应的产物。我们制造了它。你认为是别人造成的吗？——这生活各个层面、内外都存在的痛苦和斗争？那是我们对自身缺乏了解的结果。那是因为我们不了解自己，不了解自己的冲突、反应、痛苦，我们去找古鲁，以为他能帮我们摆脱那样的困惑。我们只能在与当下的关系中了解自己；那关系本身就是古鲁，而不是外在的某个人。如果我不了解关系，不管古鲁说什么都没有用。因为如果我不了解关系，不了解我与财产、与他人、与观念的关系，谁能解决我内在的冲突？要解决冲突，我必须亲自了解它，意思就是我必须在关系中觉察我自己。要觉察，不需要任何古鲁。如果我不了解自己，古鲁又有何用？就像人们选择政治领袖，那些人本身处在困惑中，他们的选择自然也是糊涂的，选择古鲁也是这样。我本糊涂，只能依这份糊涂做出选择，因此，选出的古鲁也是个糊涂之辈。

重点不在于谁是对的——是我对，还是那些说需要古鲁的人对；弄清楚你为什么需要古鲁，这才是重点。古鲁因各种剥削而存在，不过我们没在谈这个。如果有人告诉你，你在进步，你会很受用，不过要弄清楚你为什么需要古鲁——那才是关键所在。别人可以指明道路，但即使你有一个古鲁，找出答案的工作必须由你自己做。因为你不想面对那些，你就把责任转移给古鲁。如果稍有自知，古鲁就没什么用。没有古鲁、没有书籍或经文能让你了解自己：对自身的了解来自于你在关系中的自我觉察。存在，就是进入关系。不了解关系就有痛苦和冲突。不觉察你与财物的关系是导致困惑的原因之一。如果不了解你与财物的正确关系，就会受困于冲突，这就助长了社会的冲突。如果你不了解你与妻子的关系、你与孩子的关系，别人又怎么能解决源于那个关系的冲突？与观念、信仰等的关系，也都一样。因为弄不清楚你与他人、与财物、与观念的关系，所以你要寻求古鲁。但如果他是一个真正的古鲁，就会要你了解你自己。你就是一切误解和困惑的源头。只有在关系中了解自己，你才能解决那个冲突。

你不能通过别人找到真理。那怎样能？真理不是静止不动的东西；它没有固定之处；它不是一个终点、一个目标。相反，它是活跃的、动态的、灵敏的、活生生的。它怎么可能是一个终点？如果真理是固定的一点，就不再是真理；那就只是一个观点。真理是未知的，一个寻求真理的头脑永远找不到它，因为头脑是由已知组成的，它是过去的结果，是时间的产物——你可以自己观察这一点。头脑是已知的工具，因此无法找到未知；它只能在已知和已知之间活动。如果头脑寻求真理，那个它在书中读到的真理，即是自我的投射；因此头脑只是在追求已知，一个比以往更令人满意的已知。当头脑寻求真理，它是在寻求它自身的投射，而不是真理。说到底，理想就是自我投射。它是虚幻的，不真实的。真实的是实情，而不是理想。但一个寻求真相、寻求上帝的头脑，是在寻求已知。当你想到上帝时，你的上帝是你自身思想的投射，是社会影响的结果。你只能思考已知，你无法思考未知。你无法专注于真理。你思考未知的那一刻，只是已知的自我投射。上帝或真理是无法被思考的。如果你思考它，它就不是真理。真理无法被追求：它自己会来。你只能追求已知的东西。当头脑没有被已知折磨，没有被已知影响时，只有那时真理才会显出真身。真理在每一片树叶上，在每一滴泪珠中；它要一刻接一刻地去了解。无人可带领你抵达真理；如果有人带领你，只能带向已知。

真理只能降临在清空了已知的头脑中。只有在已知不存在、不运转的状态下，真理才会到来。头脑是已知的仓库，是已知的残渣；要让头脑处于未知降临的状态，就必须觉察它自身，觉察它以往的经验，意识和无意识中的所有经验，觉察它的反应、它的结构。有了彻底的自我认识，就会有已知的终结；那时头脑就彻底清空了已知。只有那时，真理才能不请自来。真理不属于你，也不属于我。你不能崇拜它。一旦它变成已知，就不再真实。符号是不真实的，意象是不真实的；但当自我得到了解，当自我最后终结，永恒就出现了。

# 论知识

当我们说知识或学问是障碍，是藩篱，那并不包括技术性知识——怎样开车，怎样操作机器——也不包括那些知识带来的效率。

**问**：学问和知识是障碍的说法，毫无疑问，我是从你那里得知的。它们对于什么是障碍呢？

**克**：显然，知识和学问对于了解崭新之物、无始无终之物、永恒之物是障碍。发展一项完美的技艺并不能让你变得有创造力。你也许知道怎样画得出色，你也许有技巧，但你可能不是个有创造力的画家。你也许知道怎样写诗，技巧无可挑剔，但你可能不是个诗人。做一个诗人意味着能够吐故纳新，意味着敏于感受一切新鲜之物，不是吗？对于我们大多数人，知识或学问已成了一种瘾，我们认为通过求知我们会变得有创造力。头脑充斥着事实、知识——它还能接纳崭新的、倏然而至、即时而生的东西吗？如果你的头脑充满已知的东西，还会有空间来容纳属于未知领域的东西吗？显然，知识永远是已知之物；而我们背负着已知试图了解未知，了解那些不可测度之物。

举个例子，举个我们大多数人碰到的常见之事：那些宗教人士——

暂时不管那个词的确切含义——试图想象上帝是怎样的，或者试图思索上帝是怎样的。他们遍览群书，他们读了各种圣人、大师、圣雄之类的人的经历，他们竭力想象或感受别人的经历是怎样的，也就是说，他们试图用已知来接近未知。可以吗？你能够思考那些不可知的东西吗？你只能思考那些你已经知道的东西。但眼下的世界却是这样不可理喻：我们以为，如果有更多的信息、更多的书、更多的事实、更多的印刷品，我们就会明白晓悟。

要觉察非已知投射的东西，就必须通过了解来消除已知。为什么头脑总是固守已知？不就是因为头脑在不断地寻求确定和安全吗？它的本质就是围于已知，围于时间的。头脑的根基就建立在过去之上，建立在时间之上，这样的头脑又怎样能经验到永恒？它也许会构想、规划、描摹未知，但那完全是胡闹。只有当已知被领悟，被化解，被放到一边，未知才能到来。这很难做到，因为你一旦获得某个经验，头脑就会把它解读成已知的用语，使它沦为过去。不知道你有没有注意到，每一个经验马上就被解读为已知，被命名，被制成表格，被记录下来。所以，已知的活动就是知识，显然那样的知识、学问，就是一个障碍。

假定你从来没有读过书——宗教的或是心理学的书籍，而要你去弄清楚生命的意义和价值。你会怎样开始？假定没有大师，没有宗教组织，没有佛陀，没有基督，你不得不从零开始。你会怎样着手？首先，你必须去了解你的思维过程，不是吗？——而且不去把你自己、你的思想投射到未来并制造出一个取悦你的上帝；那就太幼稚了。所以，首先你必须去了解你的思维过程。那是发现任何新东西的唯一方法，不是吗？

当我们说知识或学问是障碍，是藩篱，那并不包括技术性知识——

怎样开车，怎样操作机器——也不包括那些知识带来的效率。我们所考虑的是截然不同的事：那种多少知识或学问都带不来的创造的幸福感。要富有创造力，就这个词最真实的意义上而言，就是要一刻接一刻地从过去中解脱出来，因为正是过去一直在给现在带来阴影。只是固守知识，固守别人的经验、别人说过的话——不管此人有多伟大——并试图让自己的行为接近那些，所有这一切都是知识，不是吗？但要发现任何新东西，你必须从自身开始；你必须踏上一个完全脱离尤其是脱离知识的旅程，因为借助知识和信仰很容易就可获得体验，但那些体验不过是自我投射的产物，因此是完全不真实的，虚假的。如果你自己去发现什么是新的，背负陈旧的东西就没有好处，特别是知识——别人的知识，不管多了不起的知识。知识是你用来保护自己、获得安全的工具，你想要非常确定自己拥有与佛陀或基督或某个谁同样的体验。但是一个不断用知识保护自己的人，显然不是一个真理的追寻者。

发现真理，并没有现成的路。你必须驶入未知的大海——这样做并不沉闷，也不冒险。如果你想找到新东西，如果你在实验着什么，你的头脑必须非常安静，不是吗？如果你的头脑满满当当，充斥着事实和知识，它们就会阻碍新事物。困难在于，对于我们大多数人而言，头脑已变得如此重要，如此不可或缺，以致它不断地干扰任何可能的新事物，干扰任何可能与已知共存的事物。因此，对于那些试图寻求和了解永恒的人而言，知识和学问就是障碍。

# 论戒律

大多数人觉得，我们必须借助某种戒律来征服或控制我们内在的兽性、那个丑陋的东西。

**问：**所有的宗教都强调某种自律来牵制人类内在的兽性本能。通过自律，圣人和神秘主义者宣称他们达到了神性。可你却似乎暗示那些戒律是认识上帝的障碍。我被弄糊涂了。在这件事情上，到底谁是对的?

**克：**这件事情，不是谁对谁错的问题。重要的是，我们要自己来弄清楚事情的真相——不是听从某个圣人、某个来自印度或别的什么地方的人的说法，人们总是觉得越有异国情调越好。

你被夹在这两种人之间：一个说要戒律，另一个说不要戒律。一般的情况是，你会选择更方便、更让你满意的那一方来相信:你喜欢那个人，喜欢他的长相、他的气质、他的偏好，诸如此类。把那一切都放到一边，我们来直接查看这个问题，自己来弄清楚这件事情的真相。这个问题涉及很多事情，我们要处理得非常仔细，好好试验一番。

我们大多数人想要一个权威来告诉自己该怎么做。我们在行动中寻找方向，因为我们的本能就是待在安全的范围内，不再受苦。据说有人已领悟了幸福、极乐或不管称之为什么的东西，我们希望他会告诉我们怎么达到那个境界。那就是我们想要的：我们想要一些幸福，想要一些内在的宁静、快乐；在这个疯狂、迷乱的世界，我们想要别人来告诉我们怎么办。那实际上就是我们大多数人的本能，根据那个本能，我们规范自己的行为。上帝，那个最高的存在，无法命名，无法用语言测度的存在——通过戒律，通过遵从某个行为模式，它会出现吗？想要达到一个特定的目标、特定的终点，我们认为通过练习、戒律、压抑或释放、升华或替代，就能找到我们孜孜以求的东西。

戒律意味着什么？如果我们在规范自己的话，我们为什么要这样做？戒律和智慧可以共存？大多数人觉得，我们必须借助某种戒律来征服或控制我们内在的兽性、那个丑陋的东西。那兽性、那丑陋的东西可以借助戒律得到控制吗？我们所指的戒律是什么意思？一系列许下回报的行动，一系列的行动，如果我们努力追求，就会带给我们想要的结果——也许是正面的，也许是负面的；一种行为模式，如果勤奋练习，孜孜以求地、非常非常热切地练习的话，就会在最后带给我们想要的结果。那也许是痛苦的，但我愿意经受痛苦来达到那个结果。自我，那个好斗的、自私的、虚伪的、焦虑的、恐惧的自我——你们清楚所有的情况——那个自我，就是我们内心的兽性之源，我们想要转化、征服、摧毁它。要怎么做到？是通过戒律，还是通过明智地了解自我的过去，了解自我是什么、它是怎样形成的，等等？我们是依靠强制还是依靠智慧来摧毁人类内心的兽性？智慧跟戒律有关吗？我们暂时忘掉圣人之流讲过的话，自己来探究这件事情，就仿佛第一次观察这个问题；那么一来，也许我们最后能得到一些有创意的东西，而不只是引用一下别人说过的话，那些都是空洞没用的。

先前说，我们内心存在冲突，黑与白的对立，贪婪与不贪婪的对立，如此等等。我贪婪，这造成了痛苦；为了摆脱贪婪，我必须规范自己。也就是说，我必须抵制所有带给我痛苦的冲突，在这个情况中我称之为贪婪。然后我就说那是反社会的、不道德的、不圣洁的，如此等等——提出各种社会、宗教的理由来抵制它。通过强制，我们摧毁了贪婪，或者舍弃了贪婪吗？首先，我们来查看一下压抑、强制、抛弃、抵制涉及的过程。当你抵制贪婪的时候，发生了什么？是什么在抵制贪婪？那是首要的问题，不是吗？你为什么抵制贪婪，那个说"我必须摆脱贪婪"的实体是谁？那个说"我必须摆脱"的实体也是贪婪的，不是吗？到目前为止，贪婪给了他好处，但现在却变得令人痛苦了；因此他说"我必须摆脱它"。那个摆脱的动机仍然是一个贪婪的过程，因为他想要成为不是他的那种人。现在不贪婪变得有利可图了，所以我就追求不贪婪；但是那个动机，那个意图，仍然是变成某种人，变得不贪婪——显然，那仍然是贪婪；那还是对"我"的一种反向强调。

我们发现贪婪令人痛苦，有各种显而易见的理由。只要我们乐于贪婪，只要贪婪带给我们好处，就不存在问题。社会用各种方式鼓励我们贪婪；宗教也同样用各种方式鼓励我们。只要有利可图，只要不让人痛苦，我们就追求它；但一旦它变得令人痛苦，我们就想要抵制它。那种抵制就是我们称为反对贪婪的戒律。但我们通过抵制、通过升华、通过压抑摆脱贪婪了吗？想要摆脱贪婪的"我"所采取的任何行动，仍然是贪婪。因此，我针对贪婪所采取的任何行动、任何反应，显然都不是解决的办法。

首先，要了解任何事物，特别是我不知道的事物、我的头脑无法测度的事物——即这个提问者所说的上帝，头脑必须安静，必须不受打扰。要了解任何事物、任何错综复杂的问题——关于生活或关系，实际上，任何问题——头脑必须有某种安静的深度。用任何强制的手段，会出现那种安静的深度吗？表层的头脑也许会强迫自身，让自己安静下来；但显然那样的安静是一种腐败的、僵死的安静。它不具有适应性、弹性和敏感度。所以，抵制并不是办法。

那么，看到那一点需要智慧，不是吗？看到强制会令头脑迟钝，就已经是智慧的开端，不是吗？——看到戒律不过是怀着恐惧遵从某个行为模式。那就是规范自我所蕴含的意思：我们害怕得不到我们想要的。当你规范头脑、规范自己的生活时，会发生什么？它变得很僵硬，不是吗？没有弹性，失去敏捷，不可调适。大家都知道那些规范自己的人——如果有那样的人存在的话。结果显然都是衰败。内在的冲突只是被隐藏、被掩盖了而已，但它仍然存在，在暗中燃烧。

因此我们看到，戒律，即抵制，只是形成了一种习惯，而习惯显然不是智慧的产物——习惯永远不是，练习也永远不是。用你的手指整天练习钢琴，用手制作东西，这些也许会让你变得非常聪明；但指导双手需要智慧。我们现在就探究智慧的问题。

你看到某个你认为活得幸福、已经领悟的人，并且他做某些特定的事情；你，想要那样的幸福，就模仿他。这种模仿就被称为戒律，不是吗？为了得到别人有的东西，我们进而模仿；你认为他活得幸福，我们为了那份幸福而模仿。可以通过戒律找到幸福吗？通过练习某个规矩，练习某种戒律、某个行为规范，你自由了吗？显然，要有所发现，必须先有自由，不是吗？要想有所发现，你的内心必须自由，显然如此。用某种你称为规范的方式来塑造头脑，让你自由了吗？显然没有。你只是一个重复的机器，根据某个结论、某种行为模式进行抵制。自由无法通过戒律达成。有智慧，才能生自由。任何形式的强制都违背了自由，违背了内在和外在的自由，一旦你看到这一点，那智慧就被唤醒了，或者说你就拥有了那智慧。

首先需要的，显然是自由，这不是一条规则；只有美德才能带来这样的自由。贪婪是迷惑，愤怒是迷惑，刻薄是迷惑——当你看到了这一点，显然就从中解脱了；你并不抵制它们，而是看到只有在自由中，你才能有所发现，任何形式的强制都不是自由，因此都不会有发现。美德所做的，就是给你自由。不道德的人，就是迷惑的人，心中迷惑不已，怎么能有所发现？怎么能？因此美德不是戒律的最终产物，然而美德就是自由，自由无法通过任何不道德即本质不真实的行为来达成。我们的困难在于，我们大多数人读过太多东西，大多数人表面上遵从名目繁多的清规戒律——每天早上在固定的时间起床，摆好某个姿势端坐，努力用某种方式集中头脑——你们知道，练习，练习，训练，因为你被告知，如果你把那些事情做上几年，将最终找到上帝。也许我的话很冷酷，但那就是我们思考的基础。显然，上帝不会那么轻易降临。上帝不是用来交易的物品：我这样做，你就给我那个。

大多数人深受外在影响的制约，被各种宗教教条、信仰所制约，被我们内在达成和获取的需求所制约，因此要抛开戒律的因素来重新思考这个问题，对我们来说尤其困难。首先，我们必须非常清楚地看到戒律的含义，看到它怎样窄化了头脑、限制了头脑，怎样通过欲望、通过影响等强迫头脑按某种方式行动。一个受制约的头脑，不管多么道德，都绝不能自由，因此无法了解真相。上帝、真相或不管什么——叫什么无关紧要——只有存在自由时，才能出现，如果存在出于恐惧的强制，不管是正面的还是负面的，都不会有自由。如果你寻求一个结果，就不会有自由，因为你被那个结果束缚了。也许你从过去中解脱了，可是未来又绑住了你，那并不是自由。只有在自由中，我们才能有所发现：新的观点、新的感受、新的理解。任何基于强制的戒律，不管是政治的还是宗教的戒律，都否定了自由；因此，戒律就是抱着目标遵从某一行为，是一种束缚，头脑永远自由不了。它只能墨守成规地运作，就像一张唱片。

因此，通过练习，通过习惯，通过培养一种行为模式，头脑只是达到了它想要的结果。因此它不是自由的，因此它无法领悟那个不可测度的境界。要了解那整个过程，了解为什么你不断地约束自己以迎合公众的意见，迎合某些圣人的意见；遵从意见这整件事，不管是遵从圣人的意见还是邻居的意见，都是一样的——练习、臣服、否定、主张、压抑、升华，这种种微妙之道，这一切都意味着遵从某个模式；去觉察这整个遵从的行为：这就已是自由的开端，此中就有美德。美德显然不是培养某个观念，比如不贪婪，如果作为一个目标去追求就不再是美德，不是吗？也就是说，如果你觉得自己不贪婪，你还是个有德之人吗？我们规范自己的时候，就在做这样的事。

规范、遵从、练习，只是强化了要有所成就的自我意识。头脑练习不贪婪，因而无法从它不贪婪的意识中解脱；因此，它并不是真正的不贪婪。它只是穿上了一件名为"不贪婪"的斗篷。我们可以看到这整个过程：达到目的的动机、欲望，遵从一个模式，想要在追求模式中获得安全——这一切只是从已知转向已知——始终处于头脑自我封闭的局限中。看到这一切，觉察到这一切，就是智慧的开端。智慧既非道德，也非不道德，它无法被局限于道德不道德的框架中。智慧带来自由，那既不是放肆，也不是混乱。没有智慧，就不可能有道德；道德带来自由，在自由中真相就出现了。如果你彻底看到了整个过程，在它的全貌中，你就会发现冲突不存在了。因为我们身陷冲突，因为我们想要逃开冲突，我们才诉诸各种规范、节制和调整。当我们看到冲突的整个过程，就不会有戒律的问题，因为那时候我们就一刻接一刻地了解了冲突的方式。那需要很高的警觉，时刻观察自己；它奇特的地方在于，虽然你可能无法一直留意观察，但只要有意图，内在就会进行记录——敏感，内在的敏感一直在拍照，所以你一安静下来，内在就会把图片投射出来。

因此，那不是戒律的问题。敏感永远无法靠强迫来形成。你可能强迫孩子做事情，把他按在墙角，他也许会安静下来；但他的内在可能正在翻滚，他望向窗外，想办法逃脱。那就是我们依然在做的事。所以，戒律的问题，谁对谁错的问题，只能靠你自己来解决。

同样，你看，我们害怕犯错，因为我们想要成功。在持戒的欲望深处就是恐惧，但未知无法被戒律之网所捕获。相反，未知必须享有自由，而不是你头脑的模式。头脑必须安静的原因就在这里。如果头脑意识到自己是安静的，它就不再安静了。如果头脑意识到自己是不贪婪的，摆脱了贪婪，它就发现自己被绑在一根不贪婪的新绳子上了，然而那并不是安静。在关于控制者和被控制之物的问题中，我们还必须了解这种情况，原因就在这里。它们并不是两个分开的现象，而是一个统一体：控制者和被控制之物是同一个东西。

# 论孤独

孤独不是绝望，也不是无望，而是一种空落落的感觉，一种空虚，一种沮丧。

问：我开始意识到自己非常孤独。我要怎么办？

克：提问者想知道自己为什么感觉孤独？你知道孤独意味着什么吗？你意识到你的孤独了吗？我很怀疑这一点。我们埋首于各种活动、书籍、关系和观念之中，而实际上这些做法使我们对孤独浑然不觉。我们所指的孤独是什么意思？那是一种空虚感，一种一无所有、无处安顿的极度不安。孤独不是绝望，也不是无望，而是一种空落落的感觉，一种空虚，一种沮丧。我相信大家都有过那样的感觉，快乐的人，不快乐的人，非常非常积极的人以及那些对知识上瘾的人，他们都知道那个滋味。那是一种真正没有尽头的痛苦，你掩盖不了，虽然我们都在极力掩盖。

我们就再来解决一下这个问题，来看看到底是怎么回事，看看你孤独时会怎么办。你会努力逃开孤独的感觉，你试图看本书，追随某个领袖，去看场电影，或者非常非常积极地投身于社会事务，或者去教堂礼拜、祈祷，或者画画，或者写一首关于孤独的诗。实际就是那样。意识到那份孤独，品尝到它的痛苦，感受到自己对它的深深恐惧，你就寻求逃避，那份逃避非常重要，因此你的活动、你的知识、你的上帝、你的收音机全都变得重要起来，不是吗？当你重视次要的东西，它们就会把你带向痛苦和混乱；次要的东西必然是那些感官价值，基于这些东西的现代文明为你提供了逃避之途——逃入你的工作、你的家庭、你的名声、你的研究、绘画等；我们全部的文化就建立在逃避之上。我们的文明奠基于此，那是事实。

你有没有尝试过独处？如果真的去尝试一下，你就知道那有多难，要安于独处，你必须有不俗的智慧，因为头脑不让我们独处。头脑躁动不安，它忙于各种逃避，所以我们在干什么？我们在极力用已知之物填补这个巨大的空洞。我们挖掘各种让自己活跃、让自己善于交际的方式，我们知道怎样做研究，怎样打开收音机。我们用我们知道的东西来填补我们不知道的那个空洞。我们极力用各种知识、各种关系、各种事物来填补那个空洞。不是这样吗？那就是我们的历程，那就是我们的生活。那么，当你认识到你自己在干什么，你仍然认为你可以填补那个空洞吗？你已试过每一种填补孤独之洞的方法。你成功过吗？你试过电影，没用，因此你去追随你的古鲁、你的书或积极参与社会活动。你成功地填补了它，还是只是掩盖了它？如果你只是掩盖了它，它仍然在那里；因此它会再出现。如果你真的能完全逃避，你就会遁入某个避难所，或者变得非常非常迟钝。那就是整个世界的现状。

这种空虚、这个空洞可以被填满吗？如果不能，我们可以逃它，躲开它吗？如果我们已有过体验并发现某种逃避无效的话，所有其他的逃避不也都是无效的吗？你是用这个还是那个来填补空虚不是问题的关键。所谓的冥想也是逃避。你变换逃避的方式并没有什么不同。

那要怎样找到方法对付孤独？只有你不再逃避，才能知道怎么办。不是这样吗？当你愿意面对实情——那意味着你不能去打开收音机，意味着你必须放弃文明——那时，那份孤独就终止了，因为它已彻底转变，它已不再是孤独。如果你了解实情，那么实情就是现实。因为头脑不停地逃避、躲开，拒绝直面实情，它给自己制造出障碍。因为有那么多的障碍在妨碍我们看到，我们不了解实情，于是就逃避现实。为了不要看到实情，头脑制造出这所有的障碍。要看到实情，不但需要很强的行动力和觉察，还意味着要放弃你所建立的一切，放弃你的银行户口、你的声名以及一切我们称之为文明的东西。当你看清实情，就会发现孤独是怎样被转变的。

# 论苦难

什么是苦难？不同层面上的各种打扰，不是吗？

**问**：痛苦和苦难的意义是什么？

**克**：当你受苦，当你痛苦时，其意义是什么？身体上的痛苦有其意义，但恐怕我们所指的是心理上的痛苦和苦难吧，它们在不同的层面上有着截然不同的意义。苦难的意义是什么？为什么你想弄清楚苦难的意义？不是说它没有意义——我们会来弄清楚的。但为什么你想要弄清楚它？为什么你想弄清楚你受苦的原因？当你问自己"我为什么受苦"，当你寻找苦难的原因时，你不是在逃避苦难吗？当我寻求苦难的意义时，我不是在逃避它、躲开它、远离它吗？事实是，我在受苦；但我一旦动用心思问"为什么"，就弱化了苦难的强度。换句话说，我想弱化苦难，减轻苦难，抛开苦难，用解释消除苦难。显然，那并不能让你了解苦难。如果我能摆脱逃避苦难的欲望，就能开始了解苦难的内涵了。

什么是苦难？不同层面上的各种打扰，不是吗？——身体的层面，潜意识的不同层面。它是一种我不喜欢的严重打扰。我的儿子死了。我在他身上或在我的女儿、我的丈夫等人身上寄托了我所有的希望。我对他充满了殷切的期望，我们相依为命——你知道的，所有那类事情。忽然他走了。所以干扰产生了，不是吗？那个干扰我称之为苦难。

如果我不喜欢那个苦难，我就说"为什么我要受苦""我那么爱他""他曾经是这样""我曾经有过"。我竭力用语言、标签、信仰来逃避，我们大多数人都这么做。它们起着麻醉作用。如果不那么做，那会怎样？我只是简单地觉察苦难。我不谴责，不辩护——我在受苦。然后我就能追踪它的活动；不是吗？然后我就能追踪它所蕴含的全部内容——"追踪"，意思就是要了解事物。

它意味着什么？受苦是怎样的？不是问为什么会有苦难，不是问苦难的原因何在，而是到底它是怎么回事？不知道你们明不明白其中的不同。当我只是简单地觉察苦难，不把它当作我之外的东西，不是那种观察者观察苦难的方式——它是我的一部分，或者说我的全部就是苦难。那时我就能追踪它的活动，看它会走向何处。显然当我那么做时，它就向我敞开了，不是吗？于是，我看到我把重点放在了"我"身上——而不是那个我爱的人身上。他只是我用来掩盖我的痛苦、孤独和不幸的工具。因为我一无所成，我就希望他会有出息。他走了；我被抛下，我茫然，我孤单。没有他，我什么也不是。因而我悲泣。不是因为他走了，而是因为我被抛下。我独自一人。意识到这一点非常困难，不是吗？很难真正意识到这一点，不要只是说"我孤身一人，我要怎样摆脱那种孤独"，这是另一种逃避，而要去意识到它，与它共处，观察它的活动。我只是以此为例。慢慢地，如果我允许它展露、打开，我就会看到我受苦是因为我茫然；有人要我关注我不愿意看到的东西；那些我不愿意去看，也不愿意去了解的东西，强行推到我面前。无数人想帮我逃避——成千上万所谓的宗教人士，用他们的信仰、教义、希望和幻想——"那是业力，那是上帝的旨意"——你知道，全是在给我一条出路。但如果我能与苦难共处，不推开它，不试图限制它或否定它，那会怎样？如果那样来追踪受苦时的活动，我的头脑会处于一种怎样的状态？

　　苦难只是一个词语吗，还是真实的存在？如果它是真实存在，不只是一个词语，那个词语此刻就毫无意义，所以就只存在强烈的痛苦感受。它与什么有关？与一个意象、一段经验、一样你拥有或没有的东西有关。如果你有它，你称之为快乐；如果你没有，就是痛苦。因此痛苦、悲伤，存在于与事物的关系中。那只是一种说法，还是真是如此？也就是说，当悲伤存在时，它只存在于与事物的关系中。它无法独自存在——甚至恐惧也无法独自存在，而只能存在于与事物的关系中：与某个人、某件事、某种感觉的关系。现在，你已经充分觉察了苦难。苦难是你之外的东西吗，因而你只是个观察者，你在认知苦难，还是，那苦难就是你？

　　如果没有一个在受苦的观察者，那苦难与你有别吗？你就是那苦难，不是吗？你与痛苦无二无别——你就是痛苦。那会怎样？没有贴标签，没有命名，没有因此视而不见——你只是那个痛苦，那个感受，那痛彻心扉之感。当你就是那感受，会怎样？当你没有命名它，当你不恐惧与之相关的一切，那个中心与它有关吗？如果那个中心与它有关，就会恐惧它。那个中心就一定会行动，对它采取点什么措施。但如果那个中心就是那个感受，那你会怎么做？无事可做，不是吗？如果你就是那个东西，你不接受，不贴标签，不推开——如果你就是那个东西，那会怎样？你会说你在受苦吗？显然，一种根本性的变化产生了。那时就不再有"我在受苦"，因为不存在一个受苦的中心了，那个中心受苦是因为我们从未检视过它到底是什么。我们只是在一个又一个词语、一种又一种反应之间流转。我们从来不说"让我来看看那个受苦的东西到底是什么",强迫和规训无法让你看到。你必须怀着兴致来看,你必须进行即刻的了解。然后你就会看到那个我们称之为苦难、痛苦的东西,那个我们想逃开的东西,以及种种规范,全都消失了。只要我与这个我之外的东西没有关系,问题就不存在;一旦我与我之外的东西建立关系,问题就来了。只要我把苦难当作我之外的东西——我受苦是因为我失去了兄弟,因为我没有钱,因为这个那个——建立一个与它的关系,但那个关系是虚假的。但如果我就是那个东西,如果我看到事实,那么整件事情就转变了。一切具有了不同的意义。然后,就会有全然的关注,整体的关注。那个被全心关注的东西得到了解,得到化解,因此恐惧就没有了,"悲伤"这个词也就不复存在。

# 论觉察

觉察和自我扩张式提升的内省有着天壤之别。内省导致挫折，导致更多更严重的冲突；然而觉察是一个从自我的活动中释放的过程。

**问：**觉察和内省有什么不同？觉察的时候，是谁在觉察？

**克：**我们先来检视一下我们所指的内省是什么意思。我们所指的"内省"，就是向内看自己，检视自己。为什么我们要检视自己？为了提升，为了转变，为了改善。你内省是为了成为什么人，否则你是不会沉溺于内省的。如果没有改善、转变、成为什么的欲望，你是不会去审视你自己的。显然那就是内省的原因所在。我生气了，为了摆脱愤怒或者缓和、转变愤怒，我就内省，审视我自己。内省的时候，即意欲改善或转变自我的反应的时候，一定带着一个最终的目的。如果那个目的没有达到，你就会低落、沮丧。因此内省必然伴随着沮丧。不知道你内省的时候有没有注意到，当你为了改变自己而向内看时，总是涌动着一股沮丧的暗流。总是会有一股你不得不与之对抗的情绪之波，为了克服那股情绪等，你不得不再次审视你自己。内省不是一个释放的过程，因为它是把现实的状态转变成某个非现实的样子的过程。显然，当我们内省时，当我们沉溺于那个特别的行为时，实际上发生的状况就是那样的。在那个行为中，始终存在着一个积累的过程，那个"我"为了改变而检查某个东西，因此始终存在着二元对立，因而也是一个充满挫折的过程。永远不会有释放，而且，因为感受到挫折，情绪就不免低落。

觉察则完全不同。觉察是不做谴责地观察。觉察带来领悟，因为觉察当中没有谴责或认同，而只有默默地观察。如果我想了解什么，我就必须观察，必须不批评，不谴责，不从中追求快乐或避开不快乐。必须只有对事实的默默观察。没有目的，只有应事而观。如果存在谴责、认同或辩护，那种观察及其带来的领悟就会戛然而止。内省是自我提升，因此内省是自我中心的。觉察并非自我提升。相反，它是自我的终结，"我"的终结，也终结了它全部特有的个性、记忆、需要和追求。在内省当中存在认同和谴责。在觉察当中不存在谴责或认同；因此也不存在自我提升。这两者有着天壤之别。

想要提升自己的人永远无法觉察，因为提升意味着谴责和达成目标。然而，在觉察当中，你观察但不做谴责，不否定也不接纳。那种觉察始于外在的事物，去觉察，去与事物接触，与自然接触。首先是对事物浑然一体的觉察，敏于感受物体、自然和他人，这意味着关系。然后就是对观念的觉察。这种觉察，这种对事物、自然、他人以及观点的敏感，并非由分裂的过程组成，而是一个统一的过程。它是对万事万物不断地观察，观察内心出现的每一个思想、每一种感受、每一个行为。因为觉察不带谴责，因此也没有积累。只有当你持有一个标准时，你才会谴责，这意味着积累，因而也意味着自我的提升。觉察是去了解自我的行动、"我"的行动，在与他人、与观点、与事物的关系中了解。那种觉察是一刻接一刻的，因而它无法练习。当你练习某件事情，就会成为习惯，而觉察并非习惯。一颗习以为常的心是不敏感的，一颗在某个特定的行为轨道中运作的心是迟钝的、僵化的，然而觉察需要持久的弹性和警觉。这并不难。当你对事物有兴趣时，当你兴致盎然地观察你的孩子、你的妻子、你的植物，观察树木和鸟儿时，你就是那样的。你观察却不谴责、不认同，因此在那观察中有着彻底的融合。观察者和被观察者彻底合而为一了。这实际上就是你对事物深感兴趣时出现的状态。

因此，觉察和自我扩张式提升的内省有着天壤之别。内省导致挫折，导致更多更严重的冲突；然而觉察是一个从自我的活动中释放的过程，它是觉察你的日常活动，觉察你的思想、你的行为，觉察他人，观察他。只有当你爱着某个人，当你对事物怀着深深的兴趣时，才能做到这一点；当你想要了解你自己，了解你的整个存在，了解自我的全部内容，不只是某一两个层面时，显然就绝不能谴责。我必须对所有的思想、所有的感受、所有的情绪、所有的压抑开放；随着觉察的范围越来越广，从所有隐秘的思想、动机和追求中解脱的自由就越来越深。觉察即自由，它带来自由，它产生自由，而内省则培植冲突，它是一个自我封闭的过程，因此其中总是有挫折和恐惧。

提问者还想知道是谁在觉察。当你有任何一种深刻的经验时，是怎样的状况？当这种经验产生时，你觉察到你在经验吗？当你生气时，在生气、嫉妒或开心的那一刹那，你觉察到你在开心或在生气吗？只有当这个经验结束时，才会出现经验者和被经验之物。然后，那个经验者就观察那个被经验之物——那个经验的对象。在经验的那一刻，既没有经验者，也没有被经验之物：只有正在经验的行为本身。我们大多数人并不在经验。我们总是在经验的状态之外，因此我们就会问这些问题，谁是观察者，是谁在觉察？显然，这样发问是错误的，不是吗？在经验的那一刻，并不存在一个觉察的人，也不存在他在觉察的对象。既没有观察者，也没有被观察之物，只有经验的状态本身。我们大多数人发现要活在经验的状态中相当困难，因为那需要非凡的弹性、敏捷和高度的敏感。如果我们在追求一个结果，如果我们想要成功，想要达到目的，如果我们在深谋远虑，那就是背道而驰——那一切都会引起挫折。一个一无所求的人，一个不追寻目标，不求取任何意义上的结果的人，就处于不断经验的状态中。那时，一切都在变动，一切都具有意义；没有什么是陈旧的，没有什么是烧焦的，没有什么是重复的，因为实情永不陈旧，挑战恒久常新。只有对挑战的回应是陈旧的；陈旧之物制造出更多的残渣，即记忆，即观察者，他把自身与被观察之物、与挑战、与经验割裂开来。

你自己可以做个很简单、很容易的实验，看看是不是这样。下次你生气、嫉妒、贪婪、暴力或不管怎样的时候，观察你自己。在那种状态中，"你"并不存在，而只存在那个状态。过了那一刻，你就称呼它，命名它，你称之为嫉妒、生气、贪婪；所以你立即制造了观察者和被观察之物，经验者和被经验之物。如果存在经验者和被经验之物，那个经验者就试图改善那个经验，转变它，记住它的某些东西，诸如此类，因此就形成了他与经验之间的分裂。如果你不命名那个感受——这意味着你不是在寻求一个结果，你没有在谴责，你只是默默地觉知那个感受——然后你就会看到，在那个感受中，在那个经验中，不存在观察者，也不存在被观察之物。因为观察者和被观察之物是一个相伴而生的现象，所以只存在经验这一行为本身。

因此内省和觉察是完全不同的。内省导致挫折和进一步的冲突，因为其中蕴含着改变的意图，而所谓的改变只是一种改头换面的延续。觉察是一种没有谴责、没有辩护或认同的状态，因此就存在了解；在那个被动的、敏锐的觉察状态中，既没有经验者，也没有被经验之物。

内省，是自我提升、自我扩张的一种方式，永远不会通向真理，因为它始终是一个自我封闭的过程；然而觉察是一个可以产生真理的状态，关于实情的真理，关于日常生活的简单真理。只有领会了日常生活的真理，我们才能走得更远。要走得更远，你必须从近处着手，但大多数人都想一步登天，不领会近在眼前的东西，却盯着遥不可及的东西。当我们了解了近在眼前的事物，就会发现近和远的距离并不存在，并不存在距离——开始和结束是同一的。

# 论关系

我们在关系中寻求安全，希望能通过关系活在一种安全的状态、满足的状态、无知的状态中。

**问**：你常常谈到关系。对你来说，关系意味着什么？

**克**：首先，并没有"孤立"这回事。存在即进入关系，没有关系就没有生活。我们所谓的关系是什么意思？它是两个人之间相互的挑战和回应。你和我之间，你发出挑战，我接受或做出回应；同样我也对你发出挑战。两个人的关系制造了社会；社会不是独立于你我存在的；大众不是一个孤立存在的实体，而是你和我在我们的关系中制造了大众、集体和社会。关系就是对两个人的交互联结的觉察。通常这种关系基于什么？它基于所谓的相互依赖、相互帮助吗？至少，我们说是相互帮助、相互协助等，但实际上抛开语言、抛开我们互相设置的感情屏障，它基于什么？基于相互的满足，不是吗？如果我不取悦你，你就会抛弃我；如果我取悦你，你就接纳我为你的妻子、邻居或朋友。事实就是如此。

你称之为家庭的东西是什么？显然，那是一种亲密、共享的关系。在你的家庭中，在你与妻子或丈夫的关系中，存在共享吗？显然那就是我们所指的关系，不是吗？关系意味着没有恐惧的共享，意味着互相了解的自由，意味着直截了当的交流。显然关系意味着——与他人共享。你是这样的吗？你与妻子共享吗？也许你们共享物质，但那并不是关系。你和你的妻子生活在一道孤立之墙的两边，不是吗？你有你的追求、你的野心，她有她的。你生活在墙后，偶尔眺望另一边——而那就是你所谓的关系。事实就是如此，不是吗？也许你会扩大它、柔化它，引用一套新的词汇去描述它。但事实就是如此——即你和另一个人彼此孤立，而你把那种孤立的生活称之为关系。

如果两个人之间有真正的关系，即彼此之间存在共享，那关系就寓意非凡。那时，就不会有孤立；那时，就会有爱，而不是责任或义务。只有那些孤立于高墙之后的人，才会谈论责任和义务。一个在爱的人，不会谈论责任——他只是爱。因此，他与另一半分享他的欢乐、他的悲伤、他的钱财。你们的家庭是这样的吗？你与妻子、与孩子之间存在直接的共享吗？显然没有。因此，家庭只是延续你的姓氏或传统的借口，只是为了满足你的需要——性的需要或心理上的需要。所以，家庭成了传宗接代、延续香火的途径。那是另一种不朽，另一种永恒。家庭也成了满足自我的途径。我在商界、政界或社会上无情地剥削他人；而在家里，我却试图表现得仁慈慷慨。这多么荒谬！或者，因为世界太残酷，我想要安宁，于是我就回到家里。我在外界受苦，于是就回家寻求安慰。所以我利用关系满足自己，也就是说我不想被我的关系所打扰。

我们寻觅可以相互满足、相互慰藉的关系，如果找不到那种满足，我们就变换关系。要么离婚，要么继续在一起，但在别处寻求满足；或者从一个关系换到另一个关系，直至找到你想要的——即满足、满意以及一种安全感、舒适感。说到底，那就是我们在此世的关系，实际上就是那样的。我们在关系中寻求安全，希望能通过关系活在一种安全的状态、满足的状态、无知的状态中——这一切总是引起冲突，不是吗？如果你满足不了我，而我在寻求的就是满足，自然就会有冲突。因为我们都在彼此身上寻求安全，当那安全变得不稳固，你就变得嫉妒、暴力、充满占有欲等。所以，我们的关系总是导致占有、谴责，总是一意孤行地要求安全、舒适、满足。那当中自然没有爱。

我们谈论爱，谈论责任、义务，但实际上并没有爱；我们的关系基于满足，那样的关系会带来怎样的影响，我们在当代文明中都已经看到了。我们对待自己的妻子、孩子、邻居、朋友的方式，表明在我们的关系中实际上完全没有爱，只是互相寻求满足罢了。既然是这样，那么关系的目的何在？它的终极意义何在？如果观察你自己与他人的关系，你难道没有发现，关系是一个自我披露的过程吗？我与你的交往，不正揭示了我的存在状态吗？如果我觉察到，如果我足够警觉，能够意识到我在关系中的反应的话？关系真的是一个披露自我的过程，即认识自我的过程。在这个披露的过程中，会有许多令人不悦的东西，许多令人不安、不舒服的思想和活动。因为不喜欢所发现的东西，我就从一段不舒服的关系逃到一段舒服的关系中。所以，如果我们只是寻求互相满足，关系的意义就微乎其微，但如果关系成为一个自我披露、自我认识的途径，它就变得意义非凡。

说到底，爱当中并没有关系，不是吗？只有当你爱着什么并期待有所回报时，关系才形成。当你爱时，也就是说，当你把自己完全献给某个事物时，关系并不存在。

如果你真的在爱，如果有这样的爱，那真是件了不起的事。在那样的爱中，没有摩擦，没有此与彼，而是完全的合一。那是合而为一的状态，一个整体的存在。当存在完全的爱、完全的融合时，就会有这样的时刻，难得的、快乐的、喜悦的时刻。通常的情况是，爱并非是那个重要的东西，重要的是其他，是那个爱的对象；被给予爱的那个东西变得重要，而不是爱本身。于是，因为各种原因，因为生物学、语言上的原因，因为渴求满足、舒适等，爱的对象变得重要，而爱就退居其后了。于是占有、嫉妒、需求制造出冲突，爱则一退再退；爱退得越远，关系当中的问题就越加失去其意义、价值和重要性。因此，爱是最难理解的事物之一。它不会因为理智上的急切需求而出现，也无法通过各种方法、途径、规范制造出来。它是自我活动停止时的存在状态；但如果你只是压抑、逃避或规训，自我活动是不会停止的。你必须去了解不同意识层面上的所有的自我活动。我们有过真爱时刻，那一刻没有思想、没有动机，但那样的时刻少之又少。因其罕有，我们铭记不忘，因而在鲜活的真相和日常的活动之间竖起了一道屏障。

要了解关系，重要的是了解实情，了解生活中实际发生的各种事情，了解事情所有细微不同的形式，也了解关系真正的含义。关系是自我披露。因为不想披露自己，我们躲进舒适中，关系于是就失去了它非凡的深度、意义和美。有爱，才有真正的关系，但爱并不是寻求满足。只有忘记自我，完全合一，不是融合一个人或两个人，而是融合最高的存在，才会有爱；只有忘却自我，这一切才会发生。

# 论战争

战争只是我们内在状态的外在表现，是我们日常活动的放大，是我们个体行为的集体后果。

**问：**我们怎样能解决当前的政治混乱和世界危机？个体可以做点什么以阻止即将到来的战争吗？ ①

**克：**战争，是我们日常生活的最骇人、最血腥的一种投射，不是吗？战争只是我们内在状态的外在表现，是我们日常活动的放大，是我们个体行为的集体后果。因此，你我对战争负有责任，那我们可以怎样阻止它？显然，你我阻止不了一场一触即发的战争。因为它已经在运作，它已经发生了，虽然目前主要还停留在心理的层面上。既然它已经在运作，就无法被阻止——牵涉的事情纷繁、庞大，而且都已经存在了。但看到房子在着火，你我可以去了解火源，可以离开它，到新地方用不同的材料重建，用不易燃的、不会制造其他战争的材料。那就是我们可以做的。你我可以看到是什么制造了战争，如果我们有意阻止战争，就可以开始转变自己，因为我们自身就是战争的祸根。

---

① 本书成书于 20 世纪 50 年代，这里指的是当时的状况。——编者注

几年前，在战争期间，有位美国女士来找我。她说她的儿子死在了意大利，她还有一个十六岁的儿子，她想保住他。所以我们就这件事深谈了一番。我向她提出，要保住她的儿子，她必须不再做美国人；她必须不再贪婪，不再积累财富，不再寻求权力和支配；她必须在道德上简单——不只是穿着简单，不只在外在事物上简单，而是在思想和感受上、在关系上简单。她说："那太难了。你的要求太高了。我做不到，因为环境太强大，无法改变。"因此，她必须为她儿子的毁灭负责。

环境可以被我们所控制，因为我们制造了环境。社会是关系的产物，是我的关系、你的关系集合的产物。如果改变我们的关系，社会就会改变；只是依靠法律、强制来改变外在社会，而内在却继续腐败，继续寻求权力、地位、支配，就会破坏外在的环境，不管它被建造得多么细致、多么科学。内在永远在征服外在。

什么导致了战争——宗教、政治或经济？显然是信仰，不管是信仰民族主义，某种意识形态，还是信仰某种特别的教义。如果我们没有信仰，人与人之间只有善意、爱和体贴，就不会有战争。但我们被灌输了各种信仰、观念和教义，因此就滋生了不满。当前的危机极不寻常，我们人类只有两条路，要么追求无休止的冲突和没完没了的战争，那是我们日常生活的产物，要么看到战争的起源，转身离开。

显然，导致战争的起因是对权力、地位、名望、钱财的欲望。还有对旗帜的崇拜，组织化宗教的疾病，对教义的崇拜，这一切都是战争的肇因。如果你作为一个个体从属于任何组织化的宗教，如果你渴求权力，如果你心怀嫉妒，你就必然制造出一个会毁于一旦的社会。所以，我再说一遍，它取决于你，而不取决于领袖——那些所谓的政治家之流。它取决于你和我，但似乎我们还没意识到这一点。如果我们真正感受到要对自己的行为负责，就会立即结束所有的战争，结束这惊人的苦难！但是你看，我们漠不关心。我们有一日三餐，我们有工作，有银行账户——存款或多或少，我们说："看在上帝的份上，不要打扰我们，放过我们吧。"我们的地位越高，就越想要安全、长久和稳定，就越不想被打扰，越想维持一切如常；然而，我们无法长久维持，因为没有什么是可以维持的。一切都在瓦解。我们不想面对这些事情，不想面对你我对战争负有责任的事实。你我也许谈论和平，举行会议，围坐在桌前讨论，但内在，在心理上，我们想要权力、地位，我们为贪婪所驱动。我们阴谋策划，我们被信仰、教义所束缚，我们愿意为了那些搏命，互相毁灭。你觉得这样的人，这样的你和我，可以在世界上拥有和平吗？要和平，我们必须内心平和，平和生活意味着不制造对立。和平不是一个理想。在我看来，理想只是对实情的逃避，是实情的对立面。理想阻碍了对实情的直接行动。要拥有和平，我们必须去爱，我们必须这样开始，不是去过一种理想的生活，而是如实看待事物并根据事实采取行动、改变它们。只要每个人在寻求心理上的安全，我们所需的物质安全——食物、衣服和住所——就会遭到破坏。我们在寻求心理安全，但那并不存在；通过权力，通过地位，通过头衔、名号，我们寻求它——这一切都在破坏物质上的安全。这是显而易见的事实，如果你去看的话。

要为世界带来和平，要阻止所有的战争，每个人的内在、你和我的内在，就必须有一场革命。没有内在革命，经济革命是毫无意义的，因为我们的心理状态——贪婪、嫉妒、恶意和占有欲制造了经济的失调，进而引发了饥饿问题。要终结悲伤、饥饿和战争，就必须有心理上的革命，我们很少有人愿意面对这一点。我们会讨论和平，计划立法，创建新的联盟、联合国等等之类。但我们是得不到和平的，因为我们不会放弃我们的地位、我们的权威、我们的金钱、我们的财产、我们愚蠢的生活。依靠别人是完全没用的；别人不会带给我们和平。没有一个领袖会带给我们和平，政府、军队、国家都不会。会带来和平的是我们内在的转变，它会引起外在的行动。内在的转变并不是一种孤立的状态，并不是在外在的行动上无所作为。相反，只有正确的思考才会有正确的行动；而没有自知，就没有正确的思考。不了解你自己，就不会有和平。

要结束外在的战争，必须先结束内心的战争。你们有些人会点头说"我同意"，然后走出去照常过已经过了十年二十年的日子。你的同意只是嘴上说说，没有任何意义，因为你随口的赞成结束不了世界的苦难和战争。只有当你认识到危险，认识到你的责任，不再把它推给别人的时候，那一切才会结束。当你认识到苦难，当你看到即刻行动的紧迫，当你不再拖延，那时你就会改变你自己；只有你自己心境平和，与邻居和平相处，和平才会到来。

# 论恐惧

没有问题最后是通过克服解决的；问题只能被了解，而不是被克服。

**问：**我要怎样摆脱恐惧？它影响了我所有的活动。

**克：**你指的恐惧是什么？恐惧什么？有各种各样的恐惧，没必要一一分析。但可以看到，如果没有全面了解关系，就会产生恐惧。并不只是人与人之间才存在关系，还有人与自然、人与财物以及人与观念之间的关系。只要没全面了解关系，必定就有恐惧。生活即是关系。存在即是进入关系。没有关系，就没有生活。任何东西都无法孤立存在；只要头脑在追求孤立，必然就有恐惧。恐惧不是抽象的东西，它只存在于与事物的联系中。

问题是，怎样摆脱恐惧？首先，任何被克服的东西，需要一次又一次的克服。没有问题最后是通过克服解决的；问题只能被了解，而不是被克服。它们是截然不同的两种过程。克服的过程，会引起更多的混乱和恐惧。抗拒，控制，与问题交战，抵抗它，这些都只是制造了更多的冲突。然而，如果能了解恐惧，一步一步彻底地探究它，检视它全部的内容，那么恐惧就不会以任何形式死灰复燃。

我说了，恐惧不是抽象的东西，它只存在于关系之中。我们指的恐惧是什么？我们最怕的，就是不存在、不成为什么。如果有这样的恐惧，恐惧不存在、不进步，或恐惧未知，恐惧死亡，那么，可以通过下决心、通过某个结论或任何选择来克服那个恐惧吗？显然不能。只是压抑、升华或替代，会制造更多的障碍，不是吗？因此恐惧永远无法被任何形式的克制、任何形式的抗拒所克服。我们必须清楚地看到、感受到、体验到这个事实：恐惧无法被任何形式的防御或抗拒所克服，寻求一个答案或某个理智的、口头的解释，都不能让你从恐惧中解脱。

那么我们恐惧什么？我们恐惧的是一个事实，还是恐惧关于事实的某个观念？我们恐惧的是事物的真相，还是恐惧我们对事物的想法？以死亡为例。我们恐惧的是死亡的事实，还是恐惧关于死亡的观念？事实是一回事，关于事实的观念又是另一回事。我们恐惧死亡这个词，还是恐惧死亡本身？因为我恐惧那个词、那个观念，我就永远不了解那个事实，永远不查看那个事实，永远与那个事实没有直接的联系。只有与那个事实进行充分的交流，才不会有恐惧。如果我与事实没有充分交流，就会有恐惧。而且，只要对事实抱有一个观点、一个看法、一个理念，就不存在与事实的交流。所以必须非常清楚，我恐惧的是那个词、那个观念，还是恐惧事实本身。如果我直面事实，就没有什么要了解的：事实就在那里，我可以处理它。如果是恐惧那个词，那就必须了解那个词，探究那个词、那个术语所包含的全部过程。

比如，我们恐惧孤独，恐惧疼痛，恐惧孤独的痛苦。显然，那种恐惧的存在，是因为我们从未真正审视过孤独，从未与它进行过充分的交流。一旦对孤独的事实全然开放，就能了解它的真相，但我们对它抱有一个观点、一个看法，那些都是基于以往的知识。正是关于事实的这个观点、看法、以往的知识，制造了恐惧。恐惧显然是命名的结果，是投射某个符号来代表事实的结果。也就是说，恐惧与那个词、那个术语息息相关。

比如，我对孤独抱持一种反应，我说我怕自己一事无成、籍籍无名。我是恐惧事实本身，还是有什么唤醒了那种恐惧，因为我对那个事实抱持以往的知识（知识即那个词、那个符号、那个意象）？怎么可能恐惧一个事实？当我直面事实，与它直接交流，我可以审视它、观察它；因此我所恐惧的不是那个事实。引起恐惧的，是我对那个事实会是什么或会做什么的忧虑。

对那个事实的看法、观点、经验以及知识，制造了恐惧。只要我们描述事实、命名它并因而认同或谴责它，只要思想作为观察者在判断那个事实，必然就有恐惧。思想是过去的产物，它只能通过语言的描述，通过符号、意象而存在；只要思想在解读或诠释事实，必然就有恐惧。

因此，是头脑制造了恐惧。头脑即思考的过程，思考是用语言表述的。不借助词语、符号和意象，你就无法思考。这些意象，即偏见、过往的知识、对头脑的理解，被投射在事实上，恐惧就由此而生。只有头脑能直视事实，不诠释、不命名、不贴标签时，我们才能从恐惧中解脱。这相当困难，因为我们怀有的感觉、反应、焦虑，瞬间会被头脑识别并进行命名。嫉妒的感觉被嫉妒那个词所识别。可不可能不识别感受，只是观察感受却不命名它？对感受的命名，实际上延续并强化了那种感受。一旦命名你称之为恐惧的东西，你就强化了它；但如果能看着那个感受，

却不命名它，你就会看到它的凋零。因此，要从恐惧中完全解脱，

就必须了解这整个过程——命名，投射符号、意象，给事实命名。只有认识自我，才能从恐惧中解脱。认识自我是智慧的开端，也即恐惧的终结。

# 论无聊与兴趣

你这样百无聊赖，一定是有原因的：痛苦、逃避、信仰、不停的忙碌令头脑迟钝、心灵僵化。

**问**：我对什么都没有兴趣，但大多数人都在忙于各种兴趣。我不必工作，所以就没去工作。我应该去从事某项有意义的工作吗？

**克**：成为一个社工、公务员或神职人员——是这个意思吗？因为无事可做，所以就做个改革家！如果你无所事事，穷极无聊，何不就无聊着？为什么不那样？如果你心有悲伤，就悲伤好了。别试图逃避它，因为你的无聊有着深远的意义，如果你能了解它，与它共处的话。如果你说，"我无聊，因此我要做点什么"，那你不过是在逃避无聊，而且由于我们大部分的活动都是逃避，所以你对社会以及其他方面将造成更大的危害。比起如实而活，你逃避的危害更大。困难在于，怎样与真实的自我共处，而不是逃开。因为我们大部分的活动都是一个逃避的过程，要停止逃避、面对真相，对你来说就尤其困难。因此，如果你真的无聊的话，我很高兴，我会这样说："停下，待在原地，我们来看一看。为什么你该做点什么？"

如果你无聊，为什么无聊？什么是所谓的无聊？为什么你对什么都没兴趣？你这样百无聊赖，一定是有原因的：痛苦、逃避、信仰、不停地忙碌令头脑迟钝、心灵僵化。如果能弄清楚自己为什么无聊，为什么提不起兴致，显然就能解决问题了，不是吗？然后那个被唤醒的兴趣就会运作起来。如果你没兴趣研究自己为什么无聊，就无法强迫自己对某个活动感兴趣，就只为做点什么——就像一只松鼠在笼子里上蹿下跳。我知道大多数人都沉迷于这种活动。但我们可以来弄清楚，在内心、在心理上，为什么我们陷入了这种穷极无聊的状态？我们可以看看，为什么大多数人陷于这种状态：我们把自己弄得精神疲惫、智力枯竭，我们尝试了这么多的事情、这么多的感受、这么多的娱乐、这么多的经验，多到心钝身倦。我们参加一个团体，做需要做的一切，然后离开；接着又转而尝试别的事情。如果一个心理学家没帮到我们，就另找一个或是求助牧师；如果我们在那里也没成功，就再找另一位导师，如此等等。我们总是奔走寻觅。这个不断伸展、不断放手的过程就会令人精疲力竭，不是吗？就像所有的感觉一样，很快它就使头脑钝化了。

我们一直在这样做，从一种感受到另一种感受，从一种刺激到另一种刺激，直至彻底疲倦。那么，认识了这一点，就不要再前行，休息一下，静一静。让头脑自己重聚力量，不要强迫它。如同土壤在冬季更新自己，当头脑得以安静，就会更新它自己。然而，在那样折腾之后，很难再让头脑安静，让它休耕，因为它一刻不停，总是想做点什么。如果你真的允许自己如实呈现——无聊、丑陋、可憎，不管什么——如果你走到了这一步，就有了处理它的可能。

如果你接纳，接纳自我的真相，那会怎样？如果你接纳自己本来的样子，还会有问题吗？只有当我们不肯接受事物本来的样子并期待它的改变时，才会有问题——这不是在提倡安于现状，实际上正好相反。如果接纳我们真实的样子，就会看清我们所恐惧的那个东西，那个我们称之为无聊的东西，那个我们称之为绝望的东西，那个我们称之为恐惧的东西，就产生了彻底的转变。我们所害怕的那个东西产生了彻底的变化。

为什么了解那个过程，了解我们自身的思维方式非常重要，原因正在于此，我已说过那一点。对自我的认识，无法通过任何人、任何书籍、任何忏悔、任何心理学或精神分析师来获得。必须由你自己来弄清楚，因为那是你的人生。不去拓宽并加深对自我的认识，不管做什么，不管改变任何外在或内在的环境、影响——它将永远滋生绝望、痛苦和悲伤。要超越头脑自我封闭的活动，就必须了解它们；而了解它们，就是觉察关系中的行动，包括与事物的关系、与他人的关系以及与观念的关系。关系就是镜子，不进行任何辩护或谴责，我们就可以从中看见自己。更深更广地了解头脑的活动方式，就可能走得更远；头脑就可能安静下来，接纳真实的事物。

# 论厌恨

我们必须被干扰，但显然大多数人都不喜欢被干扰。

**问：**如果我完全诚实，就必须承认自己心怀怨恨，有时候是厌恶，几乎厌恶每个人。我因此过得非常不快乐，非常痛苦。理智上我明白自己就是怨恨本身，就是厌恶本身，但我无法处理它。您能为我指出一条解决之道吗？

**克：**我们所谓的"理智上"是什么意思？当我们说我们理智上了解某件事，那是什么意思？有所谓理智上明白这回事吗？还是，那不过是头脑的一种字面了解，因为我们只会那种沟通方式？然而，如果只是停留在字面上，停留在理智的层面，我们能真正了解事物吗？这是首先要弄清楚的事情：即所谓的理智上的了解是否阻碍了了解？显然了解是整体的，不是分裂的、部分的。我要么了解了某件事，要么没有。对自己说"我理智上了解某事"，显然阻碍了了解。这是一个局部的过程，因此并没有丝毫的了解。

那么，问题是这样的：我充满憎恨和厌恶，要怎样从中解脱，要怎样处理这个问题？我们怎样处理一个问题？什么是问题？显然，在干扰你的事物就是问题。

我心怀厌恨；我厌恨他人，这引起了痛苦。我觉察到这一点。要怎么办？这是生活中令我非常烦恼的因素。我要怎么办，要怎样真正从中解脱——不是暂时脱离而是彻底从中解脱？要怎么办？

这是一个问题，因为它干扰了我。如果那件事没有带来干扰，就不成问题，不是吗？因为它引起痛苦、不安、焦虑，因为我觉得那样是丑陋的，我想摆脱那种状况。因此，我所抗拒的事是干扰，不是吗？不同的时候，不同的心情，我给它不同的称呼；某一天我这样称呼它，另一天我又换了个称呼，但基本上，我不想被干扰。事实不是如此吗？因为快乐不会带来干扰，我就接受它。我不想脱离快乐，因为那不会带来干扰——至少，暂时不会，但是厌恶、仇恨，那是生活中带来严重干扰的因素，我就想摆脱它们。

我关心的是不受干扰，并且试图找到永远不受干扰的方法。为什么我不应该被干扰？要弄清楚问题，就必须被干扰，不是吗？要弄清楚问题，就必须经历无数的剧变、动荡、焦虑，不是吗？如果我不被打扰，就会一直昏睡，也许大多数人正想那样——被安抚，被催眠，远离一切干扰，寻求封闭、隐退和安全。如果我不介意被干扰——真正的干扰，并非表面的，如果我不介意被干扰，因为我想要弄清楚——那么我对厌恶、仇恨的态度就会发生改变，不是吗？如果我不介意被干扰，那么那个厌恶之名就不再重要，不是吗？"厌恶"这个词就不再重要，不是吗？对人的"厌恨"就不再重要，不是吗？因为那时我就直接体会那个我称之为厌恨的状态，而不是把那个体验形诸语言。

与憎恨一样，愤怒也是令人很不舒服的习性。很少有人直接体会愤怒，而不把它形诸语言。如果不形诸语言，如果不称之为愤怒，显然就会有不一样的体验，不是吗？因为命名它，或用陈词滥调处理它，我们就削弱了一次全新的体验；但如果不命名它，那就会有直接的了解，这份了解就会为那一感受带来改变。

比如，小气。如果我们小气，大部分人都没有意识到这一点——金钱方面的小气，原谅他人方面的小气，你知道，就是小气。我肯定我们很熟悉那种感觉。那么，既然意识到了这一点，我们要怎样从那种习性中解脱出来？——不是变得大方，那不是关键。脱离小气本身就意味着大方，所以你不必去变得大方。显然，我们必须意识到这一点。也许你很大方地给予社会、给予朋友大笔捐赠，但要你多给一点儿小费你就会捂紧钱包——你们明白我的意思的。我们对此没有意识。如果我们意识到了，会怎样？我们会运用意志变得大方，我们试图克服它；我们可以培养自己的大方，如此等等。但是，说到底，从一个更大的范围上说，运用意志变成某种样子仍然是小气的表现，所以如果不采用任何这一类的方法，而只是觉察小气所包含的各种意义，不去命名，我们就会看到，彻底的变化产生了。

请好好去试一下。首先，我们必须被干扰，但显然大多数人都不喜欢被干扰。我们认为我们找到了一种生活方式——大师、信仰，不管什么——我们就此安顿下来。这就像找到了一份政府美差，然后一辈子就混迹其中。对于想要摆脱的各种习性，我们都用同样的思维方式去处理。被打扰，保持内在的不停滞、不依赖，我们并没有看到这些的重要性。显然，只有处于莫测的变化中，我们才能发现、了解和领悟。我们想要的是有钱人的状态，安逸无忧；不会被打扰，也不想被打扰。

要了解真相，打扰是必要的，任何寻求安全的企图都是了解的障碍。如果我们想摆脱打扰我们的事物，那显然会形成障碍。如果能直接体会一种感觉，不去命名它，我认为我们会有大收获，然后就不会再疲于对抗，因为经验者与被经验的事物本身是同一个东西，这一点是非常重要的。只要经验者在命名某个感觉、某个经验，他就在把自己从这份体验中抽离出来，对它采取行动。这样的行动是虚假的行动。但是，如果不形诸语言，那么经验者和被经验之物就是合一的。那样的融合是必要的，需要你全身心地面对。

# 论闲话

我们说别人的闲话，是因为我们对自己的想法和行为过程不太感兴趣。

问：闲话有显露自我的功用，尤其是在将别人暴露给我们看的时候。严肃地讲，何不通过闲话来发现真相呢？"闲话"这个词一直以来名声不好，但我不会因此而不敢谈论。

克：我好奇我们为什么会说闲话？原因不在于它暴露了他人。再说为什么他人必须暴露给我们？你为什么想探知他人？为什么这么关注他人？首先，我们为什么会说闲话？这是一种不安。不是吗？就像担心，这是内心不安的表现。为什么好管闲事，想要知道他人在做什么、说什么？说闲话的心非常肤浅，不是吗？——好奇走错了方向。提问者似乎认为，通过对他人的关注，关注他们在做什么、想什么、表达什么，就会暴露他人的真相。但如果不了解自己，我们能了解他人吗？如果不了解自己的思维方式、行为方式、做事方式，我们能判断他人吗？为什么这么关注他人？想打探别人的想法、感觉，对之说长道短，实际上，这种欲望不正是一种逃避吗？这不正提供了一个逃避自我的途径？这当中不是还有一种想要插手别人生活的欲望？不多管别人的生活，不插手别人的生活，我们自己的生活不是已经够棘手、够复杂、够痛苦了吗？我们还有时间去用那种残酷、丑陋、飞短流长的方式琢磨别人？我们怎么会这样？你们心里清楚，每个人都这样。实际上每个人都对他人说长道短。为什么？

我认为，首先，我们说别人的闲话，是因为我们对自己的想法和行为过程不太感兴趣。我们想看看别人在做什么，说好听点，也许是想模仿别人。我们说他人的闲话，一般都是在说别人不好，但往好里说，也许是想模仿别人。为什么我们想模仿别人？那不是完全表明了我们自身的极度空虚？想要刺激，想往外寻求刺激的心，就是穷极无聊的。换句话说，闲话就是一种刺激，不是吗？我们沉迷于此。也许这种刺激不太一样，但其中始终存在着寻求刺激和消遣的欲求。如果真正深入探究这个问题，就要回到自身，我们发现，那是因为我们真的非常空虚，我们是在通过谈论别人寻求外在的刺激。下次你说别人的闲话时，逮住你自己；如果你意识到自己在说别人的闲话，那会是一次揭示自我的极好机会。不要掩饰，说什么你只是对别人好奇罢了。

那表明你不安、躁动、空虚，表明你对他人缺乏真正的深度的兴趣——那种兴趣无关闲话。

下一个问题就是，怎样停止闲话。那就是下一个问题，不是吗？如果你意识到自己在闲话，你将怎样停止？如果那已成习惯，一个日复一日的陋习，你要怎样戒掉它？你问了这个问题吗？当你发现自己、意识到自己在说他人的闲话，意识到它的全部启示，你问了自己"我要怎样停止"吗？你一旦意识到自己在说他人的闲话，它不就自动停了下来？

完全不会出现"怎样"的问题。只有在你没有意识到的时候，才会有"怎样"的问题。而说他人的闲话，正表明了觉察的缺乏。下次说闲话时，你自己可以做个试验，看看当你意识到自己在说什么，意识到自己没管住舌头时，你是怎样立即快速地停了下来。这并不需要痛下决心，唯一需要的就是去觉察，去意识到自己在说什么并看到其中的启示。不必谴责闲话或为它辩护，觉察它，你会看到自己立刻就不再继续；因为它向我们揭示了我们自身的行为方式、我们的行动和思考模式；在那样的揭示中，我们发现了自己——比起去说别人的闲话，说他们在做什么、想什么、怎么做的，这重要多了。

我们大部分人，每天读报纸，满脑子都是闲话，全球的闲话。这完全是逃避自我，逃避我们自身的琐碎、丑陋。我们以为，通过对全球事务的表面关注，我们会变得越来越智慧，越来越善于处理自己的生活。显然，这一切都只是逃避自我的途径，不是吗？我们内心是那么空虚、肤浅；我们被自己吓坏了。我们内心实在匮乏，闲话就成了我们丰富生活的消遣，成了逃避自我的出口。我们试图用知识、仪式、闲话、集会——用无数的逃避之途，填满内心的空洞，所以逃避成了最重要的事，而不是了解"实情"。了解"实情"需要关注；了解内心的空虚、痛苦，需要极大的关注而不是逃避，但大多数人都喜欢这些逃避，因为它们比较舒服，比较愉快。还有，如果我们认识了自己的真面目，就会觉得很难办。那成了我们要去面对的问题之一。我们不知道怎么办。当我认识到自己的空虚、煎熬、痛苦，我不知道要怎么办，怎么处理。所以我们就求助于各种逃避的途径。

问题就是，要怎么办？显然，当然，我们不可以逃离，逃离是最荒谬、最幼稚的反应。然而，当你面对自己的真实，要怎么办？首先，可不可以不否定、不辩解，而只是与它共处，与你的真实共处？那相当不容易，因为头脑会寻求解释、谴责和识别。如果这类事情一概不做，就只是与实情共处，那就如同接纳某个东西。如果我接纳自己是棕色人种，事情就到此为止。但如果我渴望自己变白一点儿，问题就出现了。接纳实情是最难的事；只有不逃避，才能做到这一点，而谴责或辩护都是一种逃避。因此，如果我们了解了我们为什么说闲话的整个过程，认识到了其中的荒谬、残忍和种种，那就素心面对自己的真实；然而，我们不是想摧毁它，就是想改变它。如果不这样，只是去了解它，彻底与它共处，就会发现它不再那么可怕，然后就有了转变现实的可能。

# 论批判

如果我批评你，那是在了解你吗？了解来自判断吗？

**问**：批评在关系中有着怎样的位置？破坏性的批评和建设性的批评，差别在哪里？

**克**：首先，我们为什么批评？是为了了解？还是纯粹是在唠叨？如果我批评你，那是在了解你吗？了解来自判断吗？如果我想了解，如果我不只想要一种泛泛的了解，而是想深度了解你我关系的全部意义，我会开始批评你？还是我会觉察你我的关系，静静地观察它——不投射我的观点、批评、判断、认同或责备，而是静静地观察正在发生的一切？我们要是不批评，那会怎样？我们会陷入沉睡，不是吗？这并不表示我们唠叨的时候就不会睡着。也许那会变成一个习惯，通过习惯我们就催眠了自己。通过批评，我们会对关系产生更深、更广的了解吗？批评是破坏性还是建设性，并不重要——那显然是相对而言的。因此问题就是："头脑和心灵要处于怎样的状态，才能获得对关系的了解？"我们怎样了解事物？你怎样了解你的孩子，如果你对自己的孩子感兴趣的话？你会观察，不是吗？你在他游戏时观察他，研究他各种情绪下的状态；你不会将你的观点投射在他身上。你不会说他应该这样应该那样。你会敏锐地观察，主动地觉知，不是吗？

然后，你也许就开始了解那个孩子了。如果你不停地批评，不断地灌输你自己的个性、你的特质、你的观点，为他做出各种应该不应该的决定，如此等等，显然你就在关系中制造了障碍。不幸的是，大多数人批评就是为了塑造，为了干涉。与丈夫的关系，与孩子的关系，不管与谁，在关系中塑造他人，给了我们某种乐趣、某种满足。你在其中享受某种权力，你就是老板，这当中有着巨大的满足。显然，那整个过程中，不存在对关系的了解。那当中只有强加，只有塑造他人的欲望，让他人符合你的特质、你的需要、你的期待。这一切都阻碍了对关系的了解，不是吗？

接下来还有自我批评。对自己不满，批评自己、责备自己，或者为自己辩护——那能让你了解自己吗？如果我开始批评自己，不就限制了探究和了解的过程？自我反省——即一种自我批评的形式，那披露了自我吗？什么能让自我披露？不断地分析、恐惧、批评——显然那无助于披露。不断地觉察自我，不带丝毫责备、丝毫认同，那才能披露自我，才能开始了解自我。必须有某种自发性；你不能一直分析它、规训它、塑造它。这种自发性对于了解是必要的。如果我只是限制、控制、指责，就阻断了思想和情感的活动，不是吗？只有在思想和情感的活动中，我才能有所发现——只是控制是不会有发现的。当我们有所发现，接下来重要的就是，弄清楚怎样对此采取行动。如果我根据某个观念、某种标准、某个理想作出行动，那就是在强行让自己符合某个模式。那当中不存在了解，不存在超越。如果我能观察自己而没有丝毫指责、丝毫认同，那就有超越的可能。让自己接近某个理想的做法是完全错误的，原因就在这里。理想是人类手工打造的上帝，去遵循一个自我投射的意象，显然不是解放。

那么，只有静静地觉知和观察时，才会有了解——这并不容易，因为我们乐于活跃，乐于不安、不满，乐于指责、辩护。那就是我们存在的整个结构：理念、偏见、观点、经验和记忆，我们试图通过这种种的屏障去了解。可不可以摆脱这一切屏障，直接了解呢？显然，问题非常紧迫的时候，我们就会那样做。我们跳过那所有的方法——直接处理。只有明白了自我批评的过程，头脑安静下来后，我们才会了解关系。如果你在听我讲话，你在用心理解我想要传达的意思，没有太费力的话，那我们就有可能了解彼此。但如果你一直在批评，一直在抛出你自己的观点，抛出你从书上学的，别人告诉你的，如此等等，那我们就没有产生关系，因为你我之间横亘着一道屏障。如果我们两人都试图弄清楚问题，答案就藏在问题当中；如果我们两个都热切地去寻根究底，去找到事情的真相，去发现到底怎么回事——那么我们就产生了关系。那时，你的头脑既警觉又被动，为了明白事情的真相而观察着。因此你的头脑必须相当敏捷，你不可以固守任何观念或理想、任何判断、任何你在特定的经验中强化的观点。显然，如果头脑有着敏捷的弹性，进行着被动的觉察，了解就会发生。然后，它就有接纳的能力，就会敏于感知。如果头脑充斥着理念、偏见、观点，不管是赞成的还是反对的观点，它都是不敏感的。

要了解关系，必须有一种被动的觉察——那不会破坏关系。相反，它会使关系变得更有活力、更有意义。于是，关系就可能有真正的情意，

一种温暖，一种亲近，那并不是多愁善感或情绪化。如果我们可以这样接近，可以与万物有那样的关系，我们的

问题就会迎刃而解——财物的问题、占有的问题，因为我们就是我们所占有的东西——占有钱的人就是那些钱；认同财物的人就是那些财物，或是房子、家具；认同理念、认同他人的人，也是同样的情况。如果存在占有，就不存在关系。大多数人都在占有，因为如果我们不占有，就一无所有。如果不占有，如果不把我们的生活填满家具、音乐、知识、这个那个，我们就是个空壳。那个空壳制造出很多噪声，我们却称之为生活，并对此心满意足。当空壳出现瓦解、分离时，就出现了悲伤，因为那时你突然发现了自己的真面——一个空壳，没有什么意义。觉察关系的全部内容即行动，从那个行动出发，就可能建立真正的关系，发现其非凡的深度和意义，并明了什么是爱。

# 论信仰上帝

能带给我们更好生活的是智慧。

**问：**对上帝的信仰能强烈地激励我们过更好的生活。为什么你否认上帝？为什么你不复兴人类对上帝的信仰？

**克：**让我们打开视野明智地看看这个问题。我不是在否认上帝——这么做很愚蠢。只有不了解真相的人，才会沉溺于无意义的词语中。声称自己知道的人，并不知道；在一刻接一刻经验真相的人，是没有方法传达这个真相的。

信仰是对真理的否定，信仰阻碍了真理；信仰上帝不是寻找上帝。信或不信都找不到上帝；因为真相即未知，你对未知的信仰或不信仰都只是自我投射，因此不是真实的。我知道你有信仰，我也知道它在你的生活中意义甚微。很多人都有信仰，成千上万人信仰上帝，获取安慰。首先，你为什么信仰？你信仰是因为它带给你满足、安慰和希望，你说生活因而有了意义。实际上，你的信仰意义甚微，因为你信仰却剥削，你信仰却杀戮，你信仰宇宙的上帝却互相屠杀。富人也信仰上帝；他无情剥削，聚敛钱财，然后修建庙宇或成为一个慈善家。

在广岛扔下原子弹的人，声称上帝与他们同在；那些从英国飞去摧毁德国的人，声称上帝是他们的副驾驶。独裁者们、总理们、将军们、总统们，全在谈论上帝，他们对上帝信心满满。他们是在为人类服务吗？他们是在为人类谋取更好的生活吗？那些声称信仰上帝的人毁灭了大半个世界，而世界已水深火热。由于宗教的狭隘，人类被分为信仰者和无信仰者，引发了宗教战争。这表明你们的心智是多么政治化。

信仰上帝可以"有力地激励人们过更好的生活"吗？为什么你需要激励来过更好的生活？显然，激励你的必须是你自己想活得清明、简单的欲望，不是吗？如果你指望一个激励你的东西，你就没有兴趣去实现那种生活的可能，你就只是用心在激励你的那个东西上，由于激励你的并非那个能激励我的东西——我们就会为此争吵。如果我们幸福地生活在一起，不是因为我们信仰上帝，而是因为我们同是人类，那么我们就能共享全部的生产资料，为全人类生产物品。由于缺乏智慧，我们接受了一个我们称之为"上帝"的超智慧的观念；但这个"上帝"、这个超智慧的存在，不会带给我们更好的生活。能带给我们更好生活的是智慧；但如果有信仰，如果有阶级分化，如果生产资料集中在少数人手中，如果各自成立国家和主权政府，智慧就无立足之地。这一切显然表明了我们缺乏智慧，是因为缺乏智慧，我们才过不上更好的生活，而不是因为不信仰上帝。

你们都各有信仰，但你们的信仰毫不现实。现实就是你真实的状态、你的行为、你的思想，而你对上帝的信仰只是一个逃避，逃避你单调、愚蠢和冷酷的生活。此外，信仰不可避免地分化了人类：有印度教徒、佛教徒、基督教徒，等等。信仰、观念，分化了人类；它永远不会把人聚集在一起。你也许能召集一小部分人形成一个团体，但那个团体却与另一个团体相冲突。观念和信仰永远统一不了；相反，它们会分化、瓦解和破坏。因此你对上帝的信仰实际上给世界散播了不幸；虽然它也许给你带来了暂时的安慰，但实际上它以战争、饥荒、阶级分化以及无情分化个体的形式，带给了你更深的不幸和更严重的破坏。所以你的信仰毫无用处。如果你真的信仰上帝，如果那是你真实的体验，那么你会面带笑容；你不会去毁灭人类。

那么，真相是什么，上帝是什么？上帝不是那个词语，词语不是那个东西。要知道不可测度的东西，即无关时间的东西，头脑必须从时间中解脱，也就是说头脑必须从一切思想、一切关于上帝的观念中解脱。你对上帝或真理知道些什么？实际上你对真相一无所知。你所知道的全都是文字，是别人的经验，或者是你自己某些时刻的一些相当模糊的体验。显然，那不是上帝，那不是真相，那不是超越时间之域的东西。要了解超越时间的东西，就必须了解时间的过程，时间即思想，即成为的过程、知识的积累。那就是头脑的整个背景；头脑本身就是背景，包括意识和无意识，集体的和个体的。所以头脑必须从已知中解脱，这意味着头脑必须彻底寂静，而不是被迫寂静。把寂静当做一个目标、一个下定决心的结果、一个练习或训练的结果来达成的头脑，并不是寂静的头脑。一个被强迫、被控制、被塑造，被放入一个框架中保持安静的头脑，不是寂然不动的头脑。强迫头脑形成一种表面的寂静，在短时间内也许可以做到，但这样的头脑不是寂然不动的头脑。只有当你了解了思想的整个过程，寂然不动的状态才会出现，因为对过程的了解就是对它的终结，而思想过程的终结就是寂静之始。

只有当头脑完全寂静，不只是表层寂静，而是根本上，从头到尾，包括意识的表层和深层——只有那时未知才会出现。未知不是头脑所经验的东西；只有寂静可以被经验，只有寂静，别无他物。如果头脑经验了一切却没有经验寂静，它就只是在投射它自身的欲望，那样的头脑不是寂静的；只要头脑不是寂静的，只要有任何形式的、有意识或无意识的思想在活动，就无法存在寂静。寂静是从过去中解脱，从知识中解脱，从有意识和无意识的记忆中解脱；当头脑彻底寂静、不在使用中时，当存在一种寂静，它不是努力的结果，只有那时，那无始无终的永恒之物才会出现。那种状态不是记忆的状态——并不存在一个在记忆和经验的实体。

　　因此上帝或真理或不管叫它什么，是在一刻接一刻中出现的，那只在自由和自发的状态下产生，而不是头脑按照某个模式训练而成的。上帝不是头脑的东西，它不是自我投射的产物，只有美德和自由才能召唤它。美德即面对现实的真相，面对现实就是喜悦之境。只有那时，头脑才是喜悦的、平静的，没有任何活动，没有任何有意识或无意识的思想投射——只有那时永恒才会降临。

# 论记忆

昨天的记忆制约了今天，因此塑造了明天。

**问**：你说，记忆是不全面的经验。你以前的演讲给我留下了记忆和生动的印象。在什么意义上，它是不完全的经验？请详细解释一下这个说法。

**克**：你所指的记忆是什么意思？你去学校，满脑子都是事实、技术性知识。如果你是工程师，你就运用你所记住的技术性知识修建桥梁。那是现实的记忆。另外，还存在心理记忆。你对我说了一些话，好听的或不好听的话，我记在了心上；当我下次遇见你时，我带着那份记忆面对你，关于你说了什么或没说什么的记忆。记忆存在两面，即心理记忆和现实记忆。它们总是互相关联，因此无法清晰划分。我们知道现实记忆是必要的谋生工具，但心理记忆必要吗？维持心理记忆的因素是什么？什么使人在心理上记住了侮辱或恭维？为什么我们保留某些记忆，却丢弃另外一些？显然，我们保留愉快的记忆，而消除不愉快的记忆。

如果你观察一下，你会看到痛苦的记忆会比那些愉快的记忆被更快地抛开。不管从哪个层面看，不管你怎样命名，头脑就是记忆；头脑是过去的产物，它建立在过去即记忆之上，那是一个受限的状态。我们就带着那份记忆与生活相遇，我们遇到了一个崭新的挑战。挑战总是崭新的，我们的反应总是陈旧的，因为它是过去的产物。所以，抛开记忆体验是一种状态，带着记忆体验是另一种状态。就是说，来了一个挑战，挑战总是新的，我带着反应，带着陈旧的制约迎接挑战。所以会怎样？我吸纳新事物，但我并不了解它；对新事物的体验被过去所制约。因此对新事物的了解是局部的，从未进行彻底的了解。只有彻底了解事物，才不会留下记忆的伤痕。

挑战是恒久常新的，当它出现的时候，你带着陈旧的反应迎接它。陈旧的反应制约了新事物，因此扭曲了它。带着偏见看它，因此就没有彻底的了解，以致新事物被吸纳进旧有的一切，于是强化了旧有的一切。这也许看似抽象，但如果你探究得密切一点儿、仔细一点儿，就并不难理解。世界现在的状况需要新方案，需要解决世界问题的新方法，因为世界的问题是恒久常新的。我们没有用新方法处理它的能力，因为我们的头脑深受制约，我们的头脑里充满着民族的、地方性的、家庭的、宗教的偏见。我们过往的经验成了我们了解新挑战的障碍，所以，我们继续培养和强化记忆，因此永远理解不了新事物，永远无法充分全然地迎接挑战。只有当我们能够抛开过去、焕然一新地迎接挑战，只有那时才能开花结果、丰盈富足。

提问者问："你以前的演讲给我留下了记忆和生动的印象。在什么意义上，它是不完全的经验？"显然，如果那只是一个印象、一个记忆，它就是一个不完全的经验。如果你领会了我所讲的东西，看到了其中的真相，那个真相就不是记忆。真相不是记忆，因为真相永远是崭新的，在不断地转化它自身。以前的演讲给你留下了记忆。为什么？因为你把以前的演讲当成了指导，你并没有完全领会它。你想探究它，于是就有意无意地保留了它。如果你彻底领会了什么，即完全看到了其中的真相，你会发现那时候完全不存在记忆。我们的教育就是培养记忆，强化记忆。你的宗教修行和仪式，你的阅读和知识，全是在强化记忆。那意味着什么？为什么我们执着于记忆？不知道你们有没有注意到那一点，当我们变老时，我们回首过往，回首其中的喜悦、痛苦和快乐；如果我们年纪尚轻，就会展望未来。为什么我们这么做？为什么记忆变得如此重要？最简单和明显的理由就是，我们不知道怎样全身心地、尽情地活在当下。我们利用现在达成未来，因此现在失去了意义。我们无法活在当下，因为我们把现在当作未来的通道。因为要成为什么人物，我从未透彻地了解自己，而要了解自己，了解我此刻真实的状态，并不需要培养记忆。相反，记忆是了解实情的障碍。不知道你们有没有注意到，只有当头脑没有受困于记忆之网，新思想、新感受才会出现。如果两个念头、两段记忆之间存在间隔，如果那个间隔可以维持下来，那么从那个间隔中就会产生新的存在状态，那不再是记忆。我们拥有记忆，我们培养记忆作为延续的手段。只要我们在培养记忆，"我"和"我的"就会变得非常重要，由于大多数人都是由"我"和"我的"所组成，记忆在我们的生活中扮演着非常重要的角色。如果你没有记忆，你的财产、你的家庭、你的观念就不会那么重要；所以，为了强化"我"和"我的"，你就培养记忆。如果你观察，会看到两个念头和两段记忆之间存在间隔。那个间隔，不是记忆的产物，在其中存在着非凡的自由，从"我"和"我的"中摆脱的自由，那个间隔是无始无终的。

我们来换个角度看问题。显然记忆即时间，不是吗？记忆制造了昨天、今天和明天。昨天的记忆制约了今天，因此塑造了明天。也就是说，过去通过现在制造了未来。有一个时间的过程在运行，即那个成为什么的意愿。记忆即时间，我们希望通过时间达成目标。今天我是个职员，假以时间和机会，我会成为经理或企业主。因此我必须有时间。抱着同样的心态我们说："我要实现真理，我要接近上帝。"因此我必须有时间去实现，意思就是，为了有所成就，为了成功，为了获益，我必须通过练习、通过训练来培养记忆、强化记忆。我们希望通过时间达到无始无终之境，我们希望通过时间获得永恒。你能做到吗？你能用时间之网、用涉及时间的记忆捕获永恒吗？只有当记忆即"我"和"我的"停止的时候，那无始无终之境才能出现。如果你看到了其中的真相——那无始无终之境无法通过时间被了解或获得——那么我们就可以探究记忆的问题了。关于技术性事物的记忆是必要的；但心理记忆维系了自我，"我"以及"我的"，它们带来身份认同和自我延续，那完全不利于生活和现实。当我们看到了其中的真相，就远离了谬误，因此对昨日的经验就没有了心理上的保留。

你看到一次动人的日落，看到田野里一株秀挺的树木，第一次看到时，你会全身心地享受它，然而你渴望重温，于是回头再去。如果你带着重温的欲望回访，会怎样？喜悦不在了，因为是昨天日落的记忆在驱使着你、推动着你、让你回去重温。昨天没有记忆的存在，只是一次即兴的欣赏、直接的反应；而今天，你意欲重温昨日的体验。也就是说，记忆横亘在你和日落之间，因此就没有了喜悦，没有了丰盈和完满的美。再举一例，你有一个朋友，他昨天对你说了些话，侮辱了你或恭维了你，你留下那个记忆；今天你就带着那个记忆见你的朋友。实际上你并没有见到你的朋友——你带着昨日的记忆，那形成了干扰。我们就这样继续着我们的生活，用记忆包围着我们自身和我们的行为，因而没有了崭新和鲜活。记忆把生活变得累人、无趣而空洞，原因就在这里。我们在生活中彼此敌对，因为记忆强化了"我"和"我的"。记忆被现在的行为所激活；我们通过现在唤醒记忆，但如果我们不去唤醒记忆，它就会逐渐消失。关于事实、关于技术的记忆显然是必要的，但心理滞留式的记忆却不利于对生活的了解，不利于人与人之间的融合。

# 论向"实情"臣服

了解实情，不需要努力——努力是干扰。

**问**：臣服于上帝的意志和你所说的接纳实情之间有什么不同？

**克**：显然这两者差别巨大，不是吗？臣服于上帝的意志，意味着你已知道上帝的意志。你不会臣服于你不知道的东西。如果你了解了真实，你不可能臣服于它，因为你不复存在了；不存在臣服于更高的意志。如果你臣服于更高的意志，那么这更高的意志只是你自身的投射，因为真相无法被已知所认识。只有已知消隐，它才会出现。已知是头脑的产物，因为思想是已知的结果、过去的结果，思想只能产生它知道的东西，因此它所知道的东西不是永恒的。为什么如果你臣服于上帝的意志，就是在臣服于自己的投射，原因就在这里；也许那带来了满足和安慰，但它并不是真相。

了解实情，需要不同的过程——也许"过程"这个词并不正确，但我意思是：了解实情要难得多，比起只是接纳一个观念或臣服于一个观念，那需要更大的智慧、更深的觉察。了解实情，不需要努力——努力是干扰。要了解什么，要了解实情，你不能受干扰，不是吗？如果我想了解你在说什么，我不能去听音乐，不能去听外面的人的喧闹，我必须投入全部的注意力去听你讲话。因此觉察实情是极其困难、极其辛苦的；因为我们的思虑恰恰成了干扰。我们并不想了解实情。我们通过偏见、谴责或认同的眼镜看实情，要移除眼镜并注视实情非常不容易。显然，实情就是事实，就是真相，其他的一切都是逃避，都不是真相。要了解实情，必须终止二元对立，因为成为非实情的某个状态是消极的反应，那是拒绝对实情进行了解。如果我想了解傲慢，就绝不能跑到它的反面，绝不能被成为什么的努力所干扰，甚至不能被了解实情的努力所干扰。如果我傲慢，那会怎样？如果我不命名傲慢，它就会终止；意思就是，答案就在问题本身里，而不是在它之外。

这并非接纳实情的问题；实情无须接纳，你的肤色是棕色还是白色，那不是接不接纳的问题，因为它就是事实；只有当你试图成为别的什么，才需要接纳。一旦你认识到事实，它就不再有任何意义。但一个惯于回首过去、展望未来的心智，一个惯于各式各样的逃避的心智，是无法了解实情的。不了解实情，就不可能发现真实；没有那份了解，生活就了无意义，生活就只是一场无休止的战斗，只有无尽的痛苦和折磨。只有了解实情，才能了解真相。有任何谴责或认同存在，都无法了解真相。总是在谴责或认同的心智，是没有了的能力的；它只能了解束缚它的东西。了解实情，觉察实情，揭示出非凡的深度，其中就有真实、幸福和喜悦。

# 论祈祷和冥想

你试图专注于你不感兴趣的东西，你的念头不断地生起、增加、干扰，所以你耗费精力去驱除、避开、推开它们。

**问：**祈祷中所表达的渴望不是通向上帝的途径吗？

**克：**首先，我们要查看一下这个提问中所包含的问题，其中涉及了祈祷、专注和冥想。那么，我们所说的祈祷是指什么？首先，在祈祷中，你向你称为上帝、真相的存在提出了请求。作为一个个体，你向你称之为上帝的对象在要求、请求、乞求、寻求指导。所以，你所做的是一种寻求回报、寻求满足的方式。你有麻烦了，国家的或个人的麻烦，你祈求指导；或者你很困惑，于是祈求清明，向你称为上帝的存在寻求帮助。这个举动表明，那个上帝，不管是怎样的上帝——我们暂时不讨论这一点——会厘清你我制造的困惑。说到底，是我们造成了困惑、痛苦、混乱、骇人的暴政、爱的缺失，而我们期望我们所谓的上帝来清理干净。换句话说，我们指望别人来清除我们的困惑、痛苦、悲伤和冲突，我们请求别人为我们带来光明和快乐。

那么，当你祈祷，当你祈求、请求什么时，通常就会实现。你要，就会得到。但你得到的并不会创造秩序，因为你得到的并没有带来清明和领悟。它只是满足了你，但并没有让你领悟。因为，当你要求时，你得到的只是你自我投射的东西。真相和上帝怎么能满足你特定的需求？那不可测度、不可言说之物会关心你琐碎的忧虑、痛苦和困惑吗？那都是我们自己一手造成的。因此是什么做出了回应？显然，那不可测度之物不可能回应可测之物、琐碎之物、渺小之物。那么，是什么作出了回应？祈祷的那一刻，我们相当安静，处于接纳的状态中。于是，我们自身的潜意识形成了暂时的清明。你想要什么，你内心渴求，在渴求、恭顺地祈求的那一刻，你处于全然接纳的状态，你的意识、你活跃的头脑相对静止下来，所以潜意识作出了投射，于是你就得到了回应。显然那不是来自真相、来自不可测度之物的回应——那是你自己的潜意识在回应。所以，我们不要弄混了，不要以为你的祈祷得到了回应——就是与真相产生了联结。真相必须走向你，而不是你走向它。

这个祈祷的问题，还涉及另一个因素。我们所谓的来自内在的声音的回应。如我所说，头脑在祈求、请求之时，它是相对静止的；如果你听到了内在的声音，那是你自己的声音投射到了你相对静止的头脑上。再说一次，怎么可能会是真相之声？一个困惑、无知、渴望、求取的头脑，怎么可能领悟真相？只有当头脑绝对安静时，不管是为自己还是为国家或他人，都不求取、不渴望、不期待、不要求时，它才能接收到真相。当头脑绝对安静时，当欲望止息，只有那时，真相才会出现。一个要求、请求、祈求、渴求方向的人，他会找到他在寻求的，但那不会是真理。他所接收到的回应，是他自己头脑的潜意识层面在意识层面的自我投射。那个安静、微弱、引领他的声音并不是真实的，那是潜意识的回应。

　　这个祈祷的问题还涉及专注。大多数人的专注，是一个排斥的过程。专注是通过努力、强制、引导和模仿达到的，所以专注是一个排斥的过程。我对所谓的冥想感兴趣，但我念头纷飞，所以我就把思想集中在一个图像、一个形象或一个信念上，排除所有其他的想法。这个专注的过程，即排斥的过程，被认为是冥想的方法。你就是那么做的，不是吗？你坐下来冥想的时候，就把思想集中在一个词、一个形象或一个图像上，但头脑却走神了。总是不断地被其他的观念、想法和情绪所干扰，你试图驱散它们，你花时间与你的念头搏斗。这个过程，你称之为冥想。也就是说，你试图专注于你不感兴趣的东西，你的念头不断地生起、增加、干扰，所以你耗费精力去驱除、避开、推开它们。如果你能专注于你所选择的念头、某个特定的事物，你就以为自己终于冥想成功了。显然，那并非冥想，对吗？冥想不是一个排斥的过程——排斥就是避开、防御渗入的念头。祈祷并非冥想，排斥性的专注也不是冥想。

　　什么是冥想？专注不是冥想，因为你有兴趣时，要专注于某物就相对简单。一个在谋划战争和屠杀的将军，是非常专注的。一心赚钱的商人是非常专注的——他甚至可能冷酷无情，收起一切其他的感情，全身心专注在他想要的东西上。一个人，不管对什么东西感兴趣，自然就会专注。那样的专注并不是冥想，只是一种排斥。

　　那么，什么是冥想？显然，冥想是领悟——心灵的冥想是领悟。如果你排斥，怎么可能有领悟？如果你在祈求，怎么可能有领悟？领悟之中，有平静，有自由；正是你所领悟的东西，带给了你自由。只是专注或祈祷不会带来领悟。领悟就是冥想的基础，是它的根本。你不需要接受我对此的说辞，但如果你非常仔细、深入地审视祈祷和专注，就会发现它们都无法带来领悟。它们只会造成固执、僵化和幻觉。然而，有所领悟的冥想，带来的却是自由、清明与合一。

那么，我们所谓的领悟是指什么？领悟，意味着赋予所有的事物以恰如其分的意义和价值。无知就是错看了事物的价值，愚蠢的本质就是对事物的价值缺乏正确的了解。只有当有了正确的价值观，树立了正确的价值观时，才会产生领悟。我们要怎样树立正确的价值观呢——财物的价值、关系的价值、观念的价值？要想形成正确的价值观，你必须了解思考者，不是吗？如果我不了解思考者，即我自己，我所选择的就毫无意义。也就是说，如果我不了解我自己，那么我的行为、我的思想就毫无根基。因此，自我认识——而不是那些你从书籍、权威、大师那里获得的知识，就是冥想的开端。知识是通过自我探究即自我觉察而形成的。冥想是自我认识的开始，没有自我认识，就没有冥想。如果我不了解我的思考方式、感觉方式，如果我不了解我的动机、欲望、需要，不了解我所追求的行为模式，即一些观念——如果我不认识自己，就没有思考的基础；思考者只是请求、祈祷或排斥，却没有了解他自己，就必然落入困惑和幻觉。

冥想的开端就是自我认识，就是觉察思考和感觉的每一个活动，了解意识的所有层面，不只是表层，还有隐藏的层面，深层的隐秘活动。要了解深层的隐秘活动，隐秘的动机、反应、念头和感受，头脑的意识层面就必须安静下来；也就是说，为了接收潜意识的投射，意识头脑必须静止。表层的意识头脑被它的日常活动所占据，被谋生、欺骗他人、剥削他人、逃避问题等所占据——生活所有的日常活动。那个表层的头脑必须了解它自身活动的正确意义，并因此让自己安静下来。只是控制、强迫、规训，头脑是无法安静的。只有当它领悟了自身的活动，通过观察，通过觉察，通过看到自身的无情，看自己怎样与仆人、妻子、女儿、母亲等人讲话，安静、平和才能产生。当表层的意识头脑这样充分地觉察自身的所有活动，通过那份领悟，它就自动平静下来，而不会被欲望的强迫或控制所麻痹。然后，它就会处于一种接收潜意识的暗示和提醒的状态，头脑有很多很多隐秘的层面——种族的本能、深埋的记忆、隐秘的追求、尚未愈合的深度创伤。只有当这一切将它们自己投射出来并获得了解时，只有当整体的意识被任何一个伤口或任何一段记忆揭开全貌时，它才处于拥抱永恒的状态中。

冥想就是认识自我，没有认识自我，就没有冥想。如果你没有时刻觉察你自己所有的反应，如果你没有充分意识和觉察你的日常活动，而是把自己关在房子里，在你的古鲁、大师的画像前静坐冥想，那就是逃避。因为没有自我认识，就没有正确的思考，没有正确的思考，不管你的意图多么高贵，你所做的都毫无意义。因此，没有自我认识，祈祷毫无意义。但是，如果有了自我认识，就有了正确的思考以及正确的行动。有了正确的行动，就不会有困惑，因此无须祈求别人来引领你解脱。一个充分觉察的人，就是一个在冥想的人；他不祈祷，因为他一无所求。通过祈祷，通过控制，通过重复以及类似的种种，你会得到某种寂静，但那不过是种迟钝，使头脑和心灵退化到倦怠的状态，那是在麻痹头脑；而排斥，即你们所谓的专注，不会带你到达真相——没有排斥能做到。带来领悟的，是对自我的认识，如果有正确的意图，觉察并没有那么难。如果你对发现自我的整个过程感兴趣——不只是表层的那部分，而是你整个存在的全部过程——这样就会相对简单。如果你真的很想了解自己，就会检视你的心灵和头脑，了解它们的全部内容。如果有了解的意图，你就能了解。然后，你就能追踪思想和感觉的每个活动，不谴责也不辩护。通过追踪生起的每个念头、每种感受，宁静就会产生，那不是强迫和控制的结果，而是因为没有了问题和矛盾。就像一泓池水，每一个无风的夜晚，它就静了下来。当头脑寂然不动，那不可测度之物就会出现。

# 论意识和无意识

我们活在所谓的意识头脑中，从未注意过更深层的无意识头脑，它时不时在提示我们、暗示我们。

**问**：意识头脑愚昧无知，并且对无意识头脑心存畏惧。你在讲的主要都是意识头脑的东西，那就够了吗？你的方法可以让无意识得到释放吗？请详细解释一下我们怎样能充分处理无意识头脑。

**克**：我们知道存在着意识和无意识，但大多数人只在意识层面，在头脑的表层运作，我们全部的生活实际上都被它所限制。我们活在所谓的意识头脑中，从未注意过更深层的无意识头脑，它时不时在提示我们、暗示我们。那个暗示被漠视、被滥用或根据我们此刻特定的意识需要被误读。提问者在问："你在讲的主要是意识头脑的东西，那就够了吗？"我们来看看我们所谓的意识头脑是什么意思。意识头脑有别于无意识头脑吗？我们划分意识和无意识，那说得通吗？真有这回事吗？真的存在意识和无意识之分吗？哪里是意识，哪里是无意识，存在一条明确的界线吗？我们觉察到表层、意识头脑的活跃，但那是唯一整天活跃的官能吗？如果我在讲的只是头脑的表层，那我讲的东西显然就没有价值，没有意义。然而大多数人执着于意识头脑所接受的东西，因为意识头脑发现，适应某些明显的事实是方便的，但无意识也许在抗议，而且常常如此，所以所谓的意识和无意识之间存在着冲突。

因此，我们的问题就是，实际上只存在一种状态，而不是意识和无意识两种状态；只有一种存在状态，即意识，虽然你可能把它分成意识和无意识，不是吗？但那个意识总是与过去有关，从来不是与现在有关；你只对已经结束的事情有意识。我在试图传达的东西，你是在我传达完之后才意识到的，不是吗？你要过一会儿才了解我的意思。你从来不是即刻意识到或觉察到的。观察你的心灵和头脑，你会看到意识在过去和未来之间运作，而现在只是过去通向未来的渠道。因此，意识是过去通向未来的活动。

如果观察你自己的头脑，看它怎样工作，你会看到面向过去和面向未来的活动是一个消解现在的过程。要么过去是逃避现在的途径，现在可能不怎么令人愉快，要么未来是逃避现在的希望。所以，头脑或者被过去占据，或者被未来占据，抛开了现在。也就是说，头脑受到过去的制约，受到印度人（婆罗门、非婆罗门）、基督徒、佛教徒等身份的制约，那个被制约的头脑把自身投射到未来，因此它永远不能直接、公平地看待任何事实。它要么谴责、排斥事实，要么接受、认同事实。这样的头脑，显然不能如实看到任何事实。那就是我们的意识状态，它受到过去的制约。我们的思想，就是面对事实挑战时所产生的制约反应。你越是根据信仰、过去的制约做出反应，过去就越是被强化。这种对过去的强化，显然就是在延续它自身，也就是它所谓的未来。所以，那就是我们的头脑、我们的意识的状态——在过去和未来之间前后摇摆。那就是我们的意识，它是由头脑的表层和深层组成的。那样的意识显然不能在不同的层面运作，因为它只知道向后和向前两种运动。

如果你观察得非常仔细，你会看到那并非是一个连续不断的运动，两个思想之间其实存在着间隔。虽然那可能只是一刹那，但在前后摆动之际存在着的间隔是深具意义的。我们看到了这个事实，即我们的思想被过去制约，并投射到未来；你一旦承认了过去，就必然也要承认未来，因为实际上并不存在过去和未来这两个状态，而是一种状态包含了意识和无意识，集体的过去和个体的过去。集体和个体的过去，回应现在，作出某种反应，制造了个体的意识；因此意识与过去有关，那就是我们生活的整个背景。一旦你有了过去，就不可避免有了未来，因为未来只是过去改头换面的延续，它仍然是过去，所以我们的问题就是，怎样在这个过去中实现转变，而不制造另一个制约、另一个过去。

换个角度讲，问题是这样的：我们大多数人摒弃一种特定的制约，转而寻找另一种更广阔、更有意义或更令人愉悦的制约。你放弃一种宗教，接受另一种；摒弃一种信仰，接受另一种。这样替代显然不是在了解生活，生活就是关系。我们的问题是，怎样从所有的制约中解脱出来。要么你认为那不可能，认为没有人可以从制约中解脱，要么你就开始亲身试验，去质疑，去发现。如果你断言那是不可能的，那你显然就不可能从中解脱了。你的断言也许是基于或局限或宽广的经验，或者只是接受了某种信仰，但这样的断言否定了探询、研究、质疑和发现。要弄清楚头脑是否有可能彻底从所有的制约中解脱，你必须自由地质疑，自由地发现。

我认为头脑从所有的制约中解脱是完全可能的，这不是说你应该接受我的权威。如果你是基于权威接受这个说法，你永远不会有所发现——得到的只会是另一个替代品，并且毫无意义。当我说那是可能的，我这么说是因为对我而言那是事实，我可以通过描述把这一点展示给你，但如果你要自己来发现这其中的真相，就必须亲身试验，敏捷地追踪头脑。

对整个制约过程的了解，不是通过分析或内省而得到的，因为你一旦有个分析者，那个分析者本身就是要分析的背景的一部分，因此他的分析并无意义。那是事实，你必须把它放到一边。那个在检查的分析者，他分析他在观察的事物，但他自己就是那个被制约的状态的一部分，因此不管他的解释、他的理解、他的分析是什么，仍然是那个背景的一部分。所以不逃避并且去突破那个背景是必要的，因为要迎接新事物的挑战，头脑必须是崭新的；要发现上帝、真相或不管什么，头脑必须是鲜活的，不被过去所污染。分析过去，通过一系列的试验得出结论，做出断言和否定，这一切表明，其本质是以不同的形式继续那个背景；当你看到那个事实中的真相，就会发现那个分析者不存在了。于是就不存在一个区别于那个背景的实体：只存在思想，即那个背景、记忆的反应，包括意识和无意识、个体意识和集体意识。

头脑是过去的产物，那是一个受制约的过程。头脑怎样才能自由？要自由，头脑必须不但看到并了解它在过去和未来之间的钟摆运动，还要觉察到思想和思想之间的间隔。那个间隔是自发的，不是由于某个原因、某个愿望、某种强迫而产生的。

如果非常仔细地观察，你会看到思想的反应、活动虽然看起来很快，但它们之间仍然存在着空隙，存在着间隔。在两个思想之间，有一段无声的空白，它与思想过程无关。如果你观察，你会看到那段无声的状态、那段间隔与时间无关。发现那段间隔，充分体验那段间隔就能把你从制约中解放出来——更准确地说，不是解放了"你"，而是有了一种跳脱制约的解放。我们现在不但讨论了思想的结构和过程，即记忆、经验和知识的背景，还努力弄清楚了头脑可以从那个背景中解放出来。只有当头脑不再继续思想，只有当它未经刻意引导而静止下来，也就是说在没有任何诱因的情况下静止下来——只有那时，才能有从那个背景中解脱出来的自由。

# 论性

至少那一刻，你可以忘记你自己——而你别无其他忘记自己的方式。

问：我们知道性是生理和心理的必然需求，而它似乎又是我们这一代人私生活中的混乱的根源。我们要怎样处理这个问题？

克：为什么我们把所有的事情都变成了问题？我们把上帝变成了问题，我们把爱变成了问题，我们把关系和生活变成了问题，我们也把性变成了问题。为什么？为什么我们做什么都成了问题和梦魇？为什么我们痛苦？为什么性变成了问题？为什么我们甘愿带着问题生活，为什么我们不结束它们？为什么我们一天天、一年年背负问题，而不对问题死去？性当然是一个相关的问题，但根本的问题是，为什么我们把生活变成了问题？工作、性爱、赚钱、思考、感受、经验——你们知道，整个生活——为什么成了问题？其根本原因难道不是因为我们总是从特定的观点、固定的立场来思考吗？我们总是从一个中心向外围思考，然而对大多数人而言，外围才是中心，因此我们所做的一切都是肤浅的。但生活不是肤浅的，它需要你全身心地活；因为活得肤浅，我们就只知道肤浅地做出反应。我们在外围所做的一切都必然会制造问题，那就是我们的生活：我们活在表层，我们满足于带着所有的问题活在表层。只要我们活在表层，活在外围，问题就会存在。外围即"我"及其感觉，它们可以被客观化或主观化，可以与宇宙、国家或头脑制造的别的什么相认同。

只要我们活在头脑的领域，就必然复杂，必然会有问题。那就是我们所知的一切。头脑是感觉，头脑是感觉、反应累积的结果。头脑触及的一切都必然会制造痛苦、困惑和无尽的问题。头脑是问题的真正根源，它日日夜夜、自觉或不自觉地机械运作。头脑是最肤浅的东西，我们花费了一代又一代的时间，我们花了我们的一生，在培育头脑，让它变得越来越聪明，越来越敏锐，越来越狡猾，越来越诡诈，这一切在我们的日常活动中有目共睹。头脑本质上就是狡诈的，不老实的，无法面对事实的。就是它制造了问题；它就是问题本身。

我们所说的性的问题是什么？是指性行为，还是指关于性行为的念头？显然不是指性行为。性行为对你来说不是问题，就像吃饭不会成为你的问题，但如果你一天到晚想着吃或别的什么，因为你别无可想，那就成了问题。性行为是问题，还是关于性行为的念头是问题？为什么你一直想它？为什么去强化它？显然，你正在这样做。电影、杂志、故事、女性的穿着，一切都在强化你的性幻想。为什么头脑要强化它，为什么头脑会幻想性？为什么？为什么这件事成了你生活的要事？有这么多的事情需要你的关注，你却把全副心思花在性幻想上。怎么回事，为什么你脑子里都是性？因为那是终极的逃避之途，不是吗？那是完全忘我的途径。暂时，至少那一刻，你可以忘记你自己——而你别无其他忘记自己的方式。你在生活中所做的一切都在强调"我"，那个"自我"。你的生意、你的宗教、你的上帝、你的领袖、你的政治和经济活动、你的逃避、你的社会活动，你加入一个党派退出另一个——那一切都在强化"我"。而性是唯一不强调"我"的行为，所以就成了问题，不是吗？当你的生活中只有一件事可以让你彻底逃避、完全忘我，即使只有几秒钟，你也会执着不放，因为那是你唯一欢欣的时刻。所有其他的事情都变成了噩梦，成了痛苦和不幸的根源，所以你就执着这件唯一可以让你彻底忘我的事情，你称其为幸福。但是，你一旦执着，它也变成了噩梦，因为你想摆脱它，你不想成为它的奴隶。所以，你又用头脑发明了贞洁、独身的观念，你压抑自己，努力禁欲、守贞。那一切都是头脑的运作，把自身与事实隔离。这又特别强化了"我"，它在试图变成某个样子，所以你又陷入了痛苦、麻烦、挣扎和苦恼中。

只要你对思考这个问题的头脑不了解，性就会变成极其困难和复杂的问题。性行为本身永远不是问题，然而性幻想制造了问题。你捍卫性行为，你生活放荡，或者沉溺于婚姻，因而把你的妻子变成了表面上看着相当可敬的娼妓，你也心满意足，听之任之。显然，只有当你了解了"我"和"我的"的整个过程和结构：我的妻子，我的孩子，我的财产，我的车子，我的成就以及我的成功，问题才能得到解决。除非你了解并解决了那一切，否则性会一直是问题。只要你野心勃勃，不管是在政治上、宗教上还是其他方面，只要你在强调自我，强调思考者、经验者，用野心喂养它，不管是以你个人的名义，还是国家、党派或所谓的宗教的名义——只要存在自我扩张的活动，你就会一直会有性的问题。一方面，你在制造、喂养、扩张你自己，另一方面你又试图忘记你自己，哪怕只是片刻的忘却自我。这两种状态怎么可能共存？你的生活是一个矛盾，既在强调"我"，又在忘却"我"。性不是问题；问题在于你生活中的这个矛盾。这个矛盾无法被头脑调和，因为头脑本身就是矛盾。只有当你完全了解你日常生活的整个过程，这个矛盾才能被了解。去电影院看荧幕上的女性，阅读刺激感官的书和刊有半裸图片的杂志，你看女性的方式，那些吸引你注意的暧昧的眼神——这一切都在以隐秘的方式鼓励头脑强调自我，同时你却又试图做个善良、体贴、温柔的人。这两者无法共存。野心勃勃的人，不管是在灵性上还是其他方面，永远不能摆脱问题。因为只有当自我被忘却时，只有"我"不存在时，问题才会终止。而那种自我不存在的状态并非出于意志的行为，并不只是个反应——性成了反应。当头脑试图解决问题，却只是令问题变得更复杂、更麻烦、更痛苦。性行为不是问题，那个宣称自己必须贞洁的头脑才是问题。贞洁无关头脑。头脑只能压抑它自己的活动，而压抑不是贞洁。贞洁不是美德，贞洁无法被培养。那个在培养谦卑的人显然并不谦卑；也许他视骄傲为谦卑，但正因他骄傲，才想变得谦卑。骄傲永远无法变成谦卑，而贞洁不是头脑的产物——你无法变得贞洁。有爱时，你才会了解贞洁，而爱无关头脑，也不是头脑的产物。

因此，除非我们了解了头脑，否则折磨全世界那么多人的性问题不会得到解决。我们无法停止思考，然而当思考者停工，思想就停了，而只有了解了整个过程，思考者才会停工。如果割裂思考者和他的思想，恐惧就产生了。如果没有思考者，只有那时，思想中才没有冲突。这其中的含义无须费力了解。思考者经由思想产生；然后思考者使出手段塑造、控制或终结他的思想。思考者是一个虚构的存在，是头脑的一个幻象。如果认识到思想是一个事实，那就没有必要再去思考那个事实。如果有简单、不作选择的觉察，那么事实中蕴含的一切就开始自行显露。因此，作为事实的思想就结束了。然后你会看到，那些啃啮你心灵和头脑的问题，我们的社会结构的问题，就能得到解决。然后，性就不再是问题。它有它恰当的位置，它既非不洁也非纯洁。性有它自己的位置；但如果头脑赋予它极度的重要性，它就成了问题。因为头脑依赖那些快乐，就会把性捧得很高，所以性就成了问题。当头脑了解了自身的整个过程，所以停下来，也就是思考停止时，那时才会有创造，而正是创造带给了我们快乐。处于创造的状态就是至福，因为那是忘我，在忘我的状态中，没有出于自我的反应。这不是对性这个日常问题的抽象解答——这是唯一的解答。头脑拒绝爱，而没有爱就没有贞洁；正因为没有爱，你才把性变成了问题。

# 论爱

爱无法思量，爱无法培养，爱无法练习。

**问**：你所说的爱是什么意思？

**克**：了解爱不是什么，我们就会发现爱是什么。因为，爱是未知之物，我们必须抛开已知才能发现它。未知无法被充斥已知的头脑所发现。我们要做的，是弄清楚已知的价值，观察已知。当我们纯粹地看，不做谴责，头脑就会从已知中解脱。那时我们就会知道爱是什么。所以，我们必须从相反的方向，而不是从正面去认识爱。

大多数人的爱是怎样的？当我们说我们爱某个人，那是什么意思？我们的意思是，我们占有那个人。因为那种占有，产生了嫉妒，因为如果我失去了他或她，会怎样？我感到空虚、失落，因此我就把占有合法化：我抓紧他或她。抓紧、占有那个人，就会有嫉妒、有恐惧，以及从中产生的无数冲突。显然，那样的占有不是爱，对吗？

显然，爱不是多愁善感。多愁善感、情绪化，并不是爱。因为多愁善感和情绪只是感受罢了。一个教徒，为基督或克里希那哭泣，为他的大师或别的什么人哭泣，那只是多愁善感，只是一种情绪化。他耽溺于感觉中，那是思想的过程，而思想不是爱。思想是感觉的结果，所以多愁善感的人、情绪化的人，不可能懂得爱。再问一遍，我们不就是多愁善感且情绪化的吗？多愁善感和情绪化，只是一种自我扩张。情感丰富显然不是爱。因为一个多愁善感的人，当他的情绪得不到回应，当他的感受找不到出口，就可能残忍起来。一个情绪化的人可能被激起仇恨，进行战争和屠杀。一个多愁善感、为宗教饱含热泪的人，显然是没有爱的。

原谅是爱吗？原谅意味着什么？你侮辱我，我怨恨，我耿耿于怀；然后，通过强迫或悔改，我说"我原谅你"。我先是记恨，再是抗拒。那意味着什么？我仍然是核心人物。我仍然是重要的，是我在原谅别人。只要还有一个原谅的态度，重要的人就是我，而不是那个被认为侮辱了我的人。所以，当我累积怨恨，随后又否认它，就是所谓的原谅，那并不是爱。一个会爱的人，显然没有仇恨，对那一类东西，他都毫不关心。同情、原谅、占有的关系、嫉妒和恐惧——这一切都不是爱。它们都是头脑的东西，不是吗？只要头脑是仲裁者，就没有爱。因为头脑的仲裁只是出于占有，它的仲裁只是占有的不同面貌。头脑只会腐蚀爱，它无法产生爱，无法产生美。你可以写一首关于爱的诗歌，但那不是爱。

显然，如果没有真正的尊敬，如果你不尊敬他人，不管是你的仆人还是友人，你就没有爱。你没有注意到吗？对你的仆人，对那些所谓低你一等的人，你没有敬意，你不友善，也不慷慨。你尊敬那些高高在上的人，尊敬你的老板、百万富翁，尊敬有大房子大名头的人，尊敬能给你一个好职位、好工作的人，尊敬能让你捞到好处的人。但是你踢开那些低你一等的人，你对他们是另一番口气。因此，没有尊敬，就没有爱。没有仁慈、怜悯、谅解，就没有爱。而我们大多数人就是这种情形，我们是没有爱的。我们心中既没有敬意，也没有仁慈、慷慨。我们有强烈的占有欲，我们多愁善感、情感丰富，这些情绪可能会被引向各种倾向：去杀生，去屠戮，或者去统合一些愚蠢无知的意图。所以，怎么可能有爱？

只有当这一切停止、结束，只有当你不再占有，当你不只是在献身于某个事物时才易动感情，你才能了解爱。那种献身是一种祈求，用一种不同的方式求取。一个祈祷的人不知道爱。你献身、祈祷，做那些让你多愁善感和情绪化的事情，你借助那些来占有，来寻求目的和结果，这当中自然就没有爱。显然，没有尊敬，就没有爱。也许你会说你尊敬他人，但你的尊敬只对那些高高在上的人，那只是出于欲求的尊敬，出于恐惧的尊敬。如果你真的心怀尊敬，你会一视同仁地尊敬最低贱的人和所谓最高贵的人；因为你不是那样，所以你没有爱。在我们当中，少有人慷慨、宽容、仁慈！有回报你才慷慨，只有可以看到回报时，你才仁慈。当这一切消失，当这一切没有占据你的头脑，当头脑的东西没有充斥你的心灵，那时就会有爱。只有爱才能改变目前世界的疯狂和错乱——而不是体系，不是左派或右派的理论。当你不占有、不嫉妒、不贪婪，当你尊敬他人、心怀仁慈和悲悯，当你体贴妻子、孩子、邻人以及你不幸的仆人时，你就真正在爱了。

爱无法思量，爱无法培养，爱无法练习。爱的练习，兄弟情谊的练习，仍然局限于头脑的范畴，因此并不是爱。当这一切停止，爱就产生了，那时你就会知道爱是怎样的。爱无关数量，而在质量。不必说"我爱全世界"，当你知道怎样爱一个人，就会知道怎样爱全人类。因为我们不知道怎样爱一个人，我们对人类的爱就是虚假的。当你爱时，就无所谓一个还是多个：就只有爱。只有爱，才能解决我们所有的问题，只有那时，我们才能了解它的至乐和幸福。

# 论死亡

只有在结束中才有更新，才有创造和未知——而不是日复一日地背负经验、记忆和痛苦。

问：死亡与生活有什么关系？

克：生活与死亡是分开的吗？为什么我们将死亡视为远离生活的东西？为什么我们恐惧死亡？为什么有这么多有关死亡的书？为什么生活和死亡之间有一条分界线？事实真是如此，还是这种划分不过是头脑的武断？

当我们谈论生活，我们指的是一个连续的认同过程。我和我的房子，我和我的妻子，我和我的银行账户，我和我过去的经历——那就是我们所谓的生活，不是吗？生活就是一个连续的过程，留在记忆中，留在意识和无意识中，有着各种挣扎、争吵、事件、经验，等等。那一切就是我们所谓的生活。与之相对的就是死亡，即结束那一切的东西。制造出对立面，即死亡，由于恐惧它，我们进而寻求生活和死亡的关系。如果可以用某些解释或有关延续和后世的信仰来弥平生死，我们就心满意足了。我们相信转世或某种形式的思想延续，接着又竭力建立已知和未知的关系。我们试图连接已知和未知，因而想要找出过去和未来的关系。当我们问生活和死亡之间是否有任何关系，我们就是在做那样的努力，不是吗？我们想要知道怎样连接生活和终点——那才是我们根本的意图。

那么，终点也就是死亡，可以在活着的时候得到了解吗？如果能在活着的时候知道什么是死亡，我们就没有任何问题了。因为我们不能在活着的时候经历未知，我们才恐惧它。我们的努力是要在作为已知结果的我们与作为未知的死亡之间建立起一种关系。过去和头脑无法理解的东西即死亡，这两者之间会存在关系吗？为什么我们分开了这两者？难道不是因为我们的头脑只能在已知的领域运作，在可延续的领域运作？我们思考，行动，带着痛苦、快乐、情爱的记忆，带着各种经验的记忆，我们只了解这样的自我；我们只了解可延续的自我——否则我们就想不出自己是什么。那么，当来到终点，即死亡，就出现了对未知的恐惧。所以，我们就想把未知拉入已知，我们一切的努力就是要赋予未知以延续。意思就是，我们并不想了解生活，死亡就蕴含在生活中，我们只是想知道怎样延续，怎样避开终点。我们不想了解生活和死亡，我们只想知道怎样一直不断地延续下去。

延续之物没有更新。在延续的事物中，没有任何新的东西，没有任何有创造性的东西——这显而易见。只有结束延续，才有新的可能。但我们恐惧的正是这种结束，我们没有看到，只有在结束中才有更新，才有创造和未知——而不是日复一日地背负经验、记忆和痛苦。只有当我们每天对所有旧事物死去时，才能有新东西。新东西无法在延续中存在。新东西，就是创造、永恒、上帝或者随便什么名字。人，那个延续的存在，他寻求未知、真相、永恒，可是他永远找不到，因为他只能找到他从自我投射出来的东西，而他投射的东西并非真相。只有在结束中，在死亡中，新东西才能被了解。人，如果寻求生与死之间的关系，企图把延续之物与他认为的超越之物联结起来，就是生活在幻想、虚假的世界中，那个世界是他的自我投射。

在活着的时候死去，可不可能呢？——这意味着结束，意味着做一个无名之辈。生活在这样一个世界，一切越变越多，或者一切越变越少，一切不过都是向上爬、追逐成功的过程，在这样一个世界，可不可能了解死亡？可不可能结束所有的记忆——不是关于事实的记忆，关于回家的路，等等，而是结束内在的执着；这种内在的执着通过记忆寻求心理上的安全，我们累积记忆，储存起来，从中寻求安全和快乐。可不可能结束那一切——那意味着每一天都死去，从而也许就会有一个崭新的明天。只有在那时，我们才能在活着时了解死亡。只有在那样的死亡中，在那样的结束、结束延续之中，才会有更新，有那种永恒的创造。

# 论时间

头脑，即时间的产物，可以经过一步一步地分析，从那个背景中解脱吗？还是它可以整个儿从时间中解脱，直接地面对真实？

**问：**过去可以顷刻消除吗？还是必定需要时间？

**克：**我们是过去的结果。我们的思想建立在成千上万个昨天之上。我们是时间的产物，我们的反应、我们现在的态度都是成千上万个时刻、事件和经验累积影响的结果。所以，对大多数人而言，过去就是现在，这是无法否认的事实。你、你的思想、你的行动、你的反应，都是过去的结果。现在提问者想要知道，过去是否可以被立即清除，意思就是不耗费时间，立即就清除掉；或者说，当下头脑需要时间从这累积的过去中解脱？由于我们每个人都是过去的结果，受过无数的影响，携带着这样一个背景，不断改变、不断转化，可能不耗费时间就清除掉那个背景吗？了解这个问题很重要。

什么是过去？我们所指的过去是什么意思？显然我们并不是指物理时间上的过去。我们的意思，显然是指累积的经验、反应、记忆、传统、知识，潜意识这个储藏库里无数的思想、感觉、影响和反应。带着那个背景，我们是不可能了解现实的，因为现实必然无关时间：它是无始无终的。头脑是时间的产物，所以我们无法用头脑来了解无始无终之物。提问者想知道，是否有可能解放头脑，或者头脑这个时间的产物是否有可能立即停摆；还是我们必须要经历一系列的审视和分析，才能把头脑从它的背景中解放出来。

头脑就是那个背景；头脑就是时间的结果；头脑就是过去，不是未来。它可以把自己投射进未来，头脑把现在作为通向未来的渠道，所以，不管它做什么，不管它的活动——它未来的活动、它现在的活动、它过去的活动是什么，它依然陷在时间之网中。头脑可以彻底停止活动吗？思想过程可以立即结束吗？那么，头脑显然有很多层面，我们说意识有很多层面，层层关联，唇齿相依，相互作用；我们的整个意识不只是在经验，而且还在命名、称呼，用记忆的形式储存。那就是意识的整个过程，不是吗？

当我们谈到意识的时候，不就是指经验、对那个经验的命名、描述以及把那个经验储存进记忆的过程吗？所有这些，在不同层面上，都是意识。头脑，即时间的产物，可以经过一步一步的分析，从那个背景中解脱吗？还是它可以整个儿从时间中解脱，直接地面对真实？

很多心理分析师说，要从那个背景中解脱，你必须检视每一个反应、每一种情结、每一处障碍、每一次不畅，意思显然就是——那需要时间。这意味着分析者必须了解他在分析的东西，他绝不能误解他所分析的东西。如果他误解了所分析的东西，就会得出错误的结论，因而形成另一个背景。分析者必须能够分析他的思想和感觉而没有丝毫偏差；他在分析中不能走错一步，因为一步走错，结论下错，就会在不同的方向、不同的层面再筑一个背景。还会出现这个问题：分析者有别于他所分析的东西吗？分析者和被分析之物不是相伴相生的吗？

显然，经验者和经验是相伴相生的；他们不是两个独立的过程，所以，我们首先来看看分析的困境。要分析我们意识的全部内容，从而经由那个过程解脱，这几乎是不可能的。毕竟，谁是分析者？分析者与他在分析的东西并无不同，虽然他也许认为是不同的。他也许把自己从所分析的东西中抽离，但分析者就是他所分析的东西的一部分。我有一个想法，我有一种情绪——比如，我愤怒。那个分析愤怒的人仍然是愤怒的一部分，因此分析者和被分析之物是相伴相生的，它们不是两种独立的力量或过程。所以，分析自我之难，展露自己，一页一页地观察，留意每一次回应、每一个反应是极其困难而漫长的。因此要从那个背景中解脱，分析不是办法，不是吗？必须要用更简单、更直接的办法，这就是你我要来弄清楚的事情。要弄清楚问题，我们必须舍弃错误的东西，不要死抓不放，所以，分析不是办法，我们必须摆脱分析的过程。

那么你还留下什么？你只习惯于分析，不是吗？观察者在观察——观察者和被观察之物是相伴相生的——观察者试图分析他所观察的东西，那不会让他从他的背景中解脱的。既然这样，事实也确实如此，你就摒弃了那个过程，不是吗？如果你看到那是错误的方法，如果你不只是口头上认识到，而是确确实实明白那是错误的过程，那会怎样？你就停止了分析，不是吗？那你还留下什么？观察它，追踪它，你会看到我们可以多么快速地脱离那个背景。如果那不是办法，你还留下什么？那个惯于分析、探测、检查、解剖、下结论的头脑，它处于什么状态？如果那个过程停下来，你的头脑会处于什么状态？

你说头脑一片空白。请继续深入这一片空白中。用另外的话说，当你抛弃了错误的东西，你的头脑怎样了？说到底，你抛弃了什么？你抛弃了错误的过程，即那个背景的产物。不是这样吗？好像一下子就抛弃了全部的东西。因此当你的头脑抛弃了分析的过程及其所有的含义，认为那是错误的，它就从昨日中解脱了，因此就能直接观察而不耗费时间，因而立即就甩开了那个背景。

把整个问题换个角度来说，思想是时间的结果，不是吗？思想是环境的结果、社会的结果以及宗教影响的结果，那都是时间的一部分。那么，思想能从时间中解脱吗？也就是说，思想，作为时间的结果，它可以停下来并从时间的过程中解脱吗？思想可以被控制、被塑造，但思想控制仍然在时间的领域内，所以我们的困难在于：作为时间的结果，成千上万个昨日的结果，头脑怎样能立即从这个复杂的背景中解脱？你可以从中解脱的，不是明天而是现在，此刻。只有当你认识到什么是错的，认识到分析过程显然是错的，而我们别无他物，只有这时才能做到立即解脱。当分析过程彻底停止，不是通过强迫，而是通过了解——了解那个过程必然是错误的，然后你就会发现你的头脑彻底脱离了过去，这并不是说你识别不了过去，而是你的头脑跟过去没有直接的联系了。所以，它可以从过去中立即解脱，就在此时此刻。这样脱离过去，这样从昨日中彻底解脱，不是物理时间上的昨日，而是心理上的昨日，这是可能的；这是了解真实的唯一途径。

简单地说，当你想了解什么的时候，你的头脑处于什么状态？当你想了解你的孩子，当你想了解某个人，了解某人在说的某事时，你的头脑处于什么状态？你不是在分析、批评、判断别人在说什么，你在倾听，不是吗？你的头脑处于思想不活跃却非常警觉的状态。那种警觉与时间无关，不是吗？你只是处于警觉的状态，被动接受却全然清醒的状态；只有处于这样的状态中才会有了解。当头脑躁动不安，在疑问、在担忧、在剖析、在分析的时候，是不存在了解的。如果强烈地想要了解，头脑显然就会安静下来。当然，你必须自己去试验，不要接受我的话——你可以看到，你分析得越多，你了解得就越少。你也许了解某些事情、某些经验，但意识的整个内容无法通过分析被清空。只有当你看到分析这种方式的错误性，它才能被清空。当你把错的看成错的，你就开始看到真的东西。把你从那个背景中解放出来的，就是真相。

# 论不基于观念的行动

在行动和观念之间，横亘着一条鸿沟、分界，横亘着一个时间的过程。

**问**：为了让真相现身，你主张不基于观念的行动。始终抛开观念，也就是没有目的地行动，这可能吗？

**克**：我们目前的行动是怎样的？我们所指的行动是什么意思？我们的行动——我们想做什么，想成为什么——是建立在观念上的，不是吗？我们就知道那些；对于我们是怎样的不是怎样的，我们有观念、理想、承诺、各种规则。我们行动的基础就是未来的回报或者对惩罚的恐惧。我们都知道这一点，不是吗？那样的行为是孤立的、自我封闭的。关于美德，你抱着某个观念，你就根据那个观念生活，在关系中行动。在你看来，关系——集体的关系或个人的关系，就是有所追求的行动，追求理想、美德和成就，等等。

如果我的行动基于一个理想，即一个观念——比如"我必须勇敢""我必须追随一个好榜样""我必须仁慈""我必须有社会意识"，等等——那个观念塑造我的行动，指导我的行动。我们都说，"有一个道德模范，我必须跟他学"，意思就是"我必须根据那种模范生活"。所以，行动是基于那个观念的。在行动和观念之间，横亘着一条鸿沟、分界，横亘着一个时间的过程。就是那样，不是吗？用另外的话说，我并不仁慈，我缺乏爱心，我毫不宽容，但我感觉到我必须仁慈。所以，在我真实的样子和应该的样子之间存在着一条鸿沟，我们一直在努力弥平那个鸿沟——那就是我们的行动。

　　那么，如果没有那个观念，那会怎样？你立即就消除了那个鸿沟，不是吗？你就是你本来的样子。你说："我丑陋，我必须变漂亮，我要怎么办？"——那就是基于观念的行动。你说，"我没有慈悲心，我必须变得有慈悲心。"所以你引入了一个与行动分离的观念。因此，你的行动从不曾从实际的状况出发，总是建立在一个你将会怎样的理想之上。愚蠢的人总是说他会变聪明。他坐着埋头苦干、竭力想变得聪明；他从不停下，从未说"我愚蠢"。所以，他那基于观念的行动，完全不算行动。

　　行动，意思就是做事、活动。但如果你抱有观念，那就只有思维在活动，只有针对那个行动的思维过程在进行。如果没有观念，那会怎样？你就是你本来的样子。你不仁慈，你不宽容，你残酷、愚蠢、轻率。你能与那一切共处吗？如果你做得到，就看看会发生什么？当我认识到自己不仁慈、愚蠢，当我觉察到这种情况，会怎样？那不正是仁慈，正是智慧吗？当我认识到自己不仁慈、没有爱心，不是嘴上说说，也不是违心承认，在看到实情的那一刻，爱不是已经在了吗？我不是即刻就变得仁慈了吗？如果我看到保持整洁的必要，事情就非常简单，我就去清洗；但如果那是一个我应该整洁的理想，那会怎样？整洁就会被拖延，或者流于表面。

　　基于观念的行动是非常肤浅表面的，根本不是真正的行动，只是一个概念化的过程，即只是一个动动念头的思想过程。

转变我们人类，带来重生、救赎和变革的行动——不管称之为什么——这样的行动不是基于观念的。它与随后的回报或惩罚无关。这样的行动与时间无关，因为头脑，即时间的过程、计算的过程、分裂和鼓励的过程，并没有进入。

这个问题不是那么容易解决。你们大多数人提个问题，就期待一个"是"或"不是"的答案。提个问题，比如"那是什么意思"，然后就坐下来等我解释，这样做轻而易举；但你亲自去找出问题的答案，非常深入、非常清楚地探究问题，以至于问题不再存在，这就难得多了。只有当头脑在面对问题时真正寂然无声，才能办到。如果你爱问题，那么它就会美如落日；如果你抗拒问题，就永远无法领悟。我们大多数人心怀抗拒，因为我们害怕结果，害怕前进路上的未知，所以我们就失去了问题的意义和范围。

# 论新与旧

挑战总是崭新的，而反应总是陈旧的。

**问：**我听你演讲的时候，一切看起来崭新而清晰。可在家里，旧有的一切、沉重的不安却又冒出来。我出了什么问题？

**克：**我们的生活实际上是怎么回事？总有不断的挑战和反应。那就是生存，那就是生活，不是吗？挑战总是崭新的，而反应总是陈旧的。我昨天见过你，今天你又来见我。你不一样了，你变了，改了，你是新的；但我却保留着你昨天的样子。因此，我把新东西吸收进旧有的一切。我没有重新面对你，我保留着你昨天的样子，所以我对挑战的反应永远是受限的。在演讲现场，你暂时不再是婆罗门、基督徒、高种姓之类的——你忘了一切。你只是倾听，吸收，努力弄清楚问题。当你重新开始你的日常生活，你又变成了旧的自我——你回到你的工作、你的种姓、你的体系、你的家庭。换句话说，新东西总是被吸纳进旧的习惯、风俗、观念、传统和记忆中。从来没有什么新东西，因为你总是带着旧有的一切面对新东西。挑战是崭新的，但你却带着旧有的一切面对它。这个问题实际上是要问，怎样让思想从旧有的一切中解脱，从而恒久常新。当你看到一朵花，看到一张脸，当你看到天空、树木和微笑，你要怎样重新面对？为什么我们没有重新面对？为什么旧有的一切吸纳了新东西，改造了它；为什么你一回到家，新东西就消失无踪？

　　旧的反应源自思考者。思考者不总是陈旧的吗？因为你的思想基于过去，当你面对新东西，实际上是那个思考者在面对它；是昨日的经验在面对它。思考者总是陈旧的。所以，我们用不同的途径又回到同一个问题。怎样把头脑从它自己扮演的思考者中解放出来？怎样清除记忆，不是关于事实的记忆，而是心理记忆，即经验的累积？如果不从经验的残渣中解放出来，就不可能接纳新的东西。要解放思想，要从思想过程中解脱，从而面对新东西，这是非常艰巨的，不是吗？因为我们全部的信仰、全部的传统、全部的教育方法就是一个模仿、复制、记忆和建立记忆库的过程。那个记忆一直在对新东西作出反应；记忆的反应我们称之为思考，而那个思考在面对新东西。所以，怎么可能有新东西？只有当记忆的残渣消失的时候，才能有新东西，而如果经验没有完结、了结、告终，就是说，如果对经验的理解不完整，就会有残渣。当经验是完整的时候，就没有残渣——那就是生活的美。爱不是残渣，爱不是经验，它是存在的状态。爱永远是崭新的。因此我们的问题就是：可以不断地迎接新东西吗，即使在家里？显然是可以的。要做到那样，必须实现一场思想和感觉的革命：只有当发生的每一件事都被一刻接一刻地思考清楚，只有当每一个反应最终被了解，不只是偶然查看一下就抛在一边，你才能自由；只有当每一个思想、每一种感觉被终结，被彻底思考，你才能从累积的记忆中解脱。换句话说，如果每一个思想和感觉被思考清楚，被终结，就会有一个终点，在那个终点和下一个思想之间就有一段空隙。在那段寂静的空隙里，存在着更新，新的创造就由此产生。

这不是理论，这不是空谈。如果你试着去想清楚每一个念头、每一种感觉，你会发现这么做在日常生活中是相当实用的，因为那时你就是崭新的，而崭新的东西是永恒持久的。鲜活常新就是有创造力，有创造力就会幸福；一个幸福的人不在乎自己的贫富，不介意自己属于哪个社会阶层，属于哪个种姓或哪个国家。他没有领袖、没有神灵、没有庙宇、没有教堂，因此不与人争，不怀敌意。

显然，在当今这个乱糟糟的世界里，要解决我们的难题，那就是最实际的方法。因为我们没有创造力，我用"创造力"这个词意思是，我们在意识的所有不同层面上都严重地反社会。在社会关系中，在我们与万事万物的关系中，为了达到非常实用和有效，我们必须是幸福的；然而如果没有终结，就无法幸福；如果一直想成为这个成为那个，就无法幸福。在终结中，存在更新和重生，散发着焕然一新的鲜活和喜悦。

只要存在一个背景，只要头脑、思想者被他的思想所制约，新东西被吸纳进旧有的一切，旧有的一切就会毁掉新东西。要从背景中、从受制约的影响中、从记忆中解脱，就必须跳出延续。只要思想和感觉没有被彻底终结，就会有延续。当你把思想追踪到底，你就终结了它，因而也终结了所有的思想、所有的感觉。爱不是习惯，不是记忆。爱恒久常新。只有头脑鲜活，才能面对新东西，而只要存在记忆的残渣，头脑就不是鲜活的。有关于事实的记忆，也有心理记忆。我不是在谈事实性记忆，我谈的是心理记忆。只要经验没有被彻底了解，就会有残渣，那就是旧东西，那就是昨日的残留、过去的余痕；过去总是在吸纳新东西，并因此毁掉新东西。只有当头脑从旧东西中解脱，才能重新面对一切。那当中就有喜悦。

# 论命名

当头脑真正安静下来，出现的感觉就可以即刻得到处理。只有当我们命名感觉，并因而强化了它们，那些感觉才得以延续。

问：不命名、不贴标签的话，我们怎么能觉察到一种情绪？如果我意识到一种感觉，似乎在它一出现，我就立即知道那是什么感觉了。或者你所说的"不要命名"有其他的意思？

克：我们为什么要给事物命名？我们为什么要给一朵花、一个人、一种感觉贴上标签？要么是为了交流我们的感觉，为了描述那朵花，诸如此类；要么就是为了认同那种感觉。不是那样吗？我为了交流而命名一种感觉，如"我生气了"。或者我认同那种感觉，就为了加强它或消除它，或对它采取行动。比如一朵玫瑰，为了与别人交流它，我们给它命名；或者通过命名，我们就以为了解了它。我们说"那是一朵玫瑰"，匆匆看上一眼，然后就走开了。我们以为，给它一个名字，就是了解它了。我们把它分类，认为那样就了解了那朵花的全部内容和美。

给事物命名，只不过把它分门别类，我们就以为了解了它，就不再更仔细地观察它。然而，如果不给它一个名字，我们就不得不观察它。

也就是说，我们用一种新的观察方式来接近花或别的什么。我们观察它，仿佛以前从未见过它。命名是与人和事物打交道相当方便的办法——说别人是德国人、日本人、美国人、印度人，你可以给他们贴上标签或是除掉标签。如果不给他人贴标签，就不得不观察他们，那样一来，要杀掉他们就会很难下手。你可以用炸弹除掉那个标签，感觉正气凛然，但如果不贴标签，你就必须观察这个个体——不管是一个人还是一朵花、一个事件、一种情绪——那时，你就不得不考虑你与它的关系，考虑你与接下来的行动的关系。所以命名或贴标签是与任何东西打交道非常方便的办法，你可以非常轻易地否定它、谴责它或为它辩护。这是这个问题的一个方面。

命名事物的核心是什么？那个一直在命名、选择、贴标签的中心是什么？我们都感觉到存在一个中心、一个核心，那是我们做出行动、进行判断和命名的源头。那个中心、那个核心是什么？有些人倾向于认为那是精神本体、上帝之类的东西。所以，我们就来弄清楚那个核心、那个中心，它一直在命名、称呼和判断。显然那个核心是记忆，不是吗？一系列的感觉，被认同的、被封闭的感觉——过去，通过现在获得重生的过去。那个核心，那个中心，通过命名、贴标签和回忆，依靠现在供养而活着。

随着披露展开，我们很快就会看到，只要这个中心、这个核心存在，就不可能了解事物。只有消解那个核心，才能了解事物。因为，说到底，那个核心就是记忆，关于各种经验的记忆。这些经验被命名，被贴上标签，被认同。带着那些被命名、被贴上标签的经验，从那个中心出发，我们接受、拒绝，下决心做什么或不做什么，根据记忆中的感觉、快乐和痛苦做出种种反应。所以，那个中心就是那个词。如果不命名那个中心，还存在一个中心吗？换句话说，如果不通过语言思考，如果不使用词语，你可以思考吗？思考是通过语言表达来形成的，或者说，语言表达开始对思考作出回应。那个中心、那个核心是无数快乐和痛苦的经验的回忆，它被语言化了。请在你的内心观察这一点，你会看到词语变得比实质更重要，标签变得比实质更重要。我们依靠词语活着。

对我们来说，真理、上帝之类的词语，或者这些词语所代表的感觉，已变得相当重要。当我们说出"美国人""基督徒""印度教徒"或"愤怒"——我们就是代表感觉的词语。但我们并不清楚那个感觉是怎样的，因为那个词变得重要了。如果你称自己为佛教徒、基督徒，那个词是什么意思？那个词背后的含义是什么？你从未审视过那些。我们的中心、那个核心，就是那个词、那个标签。如果标签不重要，如果重要的是标签背后的东西，那你就可以一探究竟，但如果你认同了那个标签，死守不放，你就无法前行。然而，我们认同了那个标签：那所房子、那个形式、那个称号、那些家具、那个银行账户、我们的观点、我们的兴奋剂，等等。我们就是那一切——那些东西被一个名称所代表。东西变得重要了，名称、标签变得重要了；因此，那个中心、那个核心就是那个词。

如果没有词语，没有标签，没有中心，就会有一种消解、一种空，不是吗？——不是那种有所恐惧时的空，那完全不是一回事。会有一种感觉，一种什么也不是的感觉，因为你去除了所有的标签，更准确地说，因为你了解了你给情绪和观念贴标签的原因，你焕然一新了，不是吗？你行动的时候，不再有一个中心。那个中心，即那个词，被消解了。标签被除去，哪里还有一个充当中心的你？你还在，但已发生转变。那个转变有点吓人，于是你就止步不前，你已开始判断，开始抉择你是喜欢还是不喜欢这样。你没有在已有的领悟下前进，你已经在判断了，意思就是，你的行动是从一个中心出发的。因此，你一旦判断，你就止步了；"喜欢""不喜欢"这样的字眼变得重要了。但如果不命名，那会怎样呢？你会更加直接地体验一种情绪、一种感觉，因而与它产生截然不同的关系，正如你要是不命名一朵花，就必须观察它。你被迫重新看它。如果不命名一群人，你就不得不挨个看每一张脸，不把他们概括为大众。因此你就会警醒得多，敏锐得多，更富有同情心；你有一种更深的怜悯和爱，但如果把他们概括为大众，一切就结束了。

如果不贴标签，你就必须留心出现的每一种感觉。你贴标签的时候，感觉与标签有区别吗？还是标签唤醒了感觉？请好好思考一下。贴标签的时候，我们大部分人都强化了感觉。感觉和命名是即刻的。如果在命名和感觉之间有一个间隔，你就可以弄清楚感觉是否与命名不一样，然后你就能不去命名而直接处理感觉。

怎样从我们命名的一种感觉，比如从愤怒中解脱出来，这才是问题，不是吗？不是怎样征服它、怎样升华它或压抑它，那些做法既愚蠢又幼稚，但要怎样真正从中解脱呢？要真正从中解脱，我们就必须看看词语是不是比感觉更重要。"愤怒"那个词比那个感觉本身更重要。要真正发现那一点，感觉和命名之间就必须有间隔。这是一个方面。

如果我不命名一种感觉，意思就是思想不在词语里打转，或者说如果我不使用词语、意象或符号思考，那是大多数人的做法——那会怎样？显然那时，头脑就不只是观察者了。如果头脑不使用词语、符号和意象思考，就不存在一个有别于思想即词语的思想者。那时头脑就是安静的，不是吗？不是被迫安静，而是真正安静下来。当头脑真正安静下来，出现的感觉就可以即刻得到处理。只有当我们命名感觉，并因而强化了它们，那些感觉才得以延续；它们被储存在那个中心，我们再贴上更多的标签，不是为了强化它们，就是为了谈论它们。

当头脑不再是那个中心，不再充当一个由词语和过去的经验构成的思考者——那一切都是记忆、标签，被储存起来，分门别类——如果不做那些事情，头脑自然就安静了下来。它不再被束缚，不再是那个中心、那个"我"——我的房子、我的成就、我的工作——这些仍然是词语，推动了感觉并因而强化了记忆。如果这一切都没有发生，头脑就是非常安静的。那个状态并非一种拒绝。相反，要走到这一步，你必须经历上述种种，这可是相当艰巨的工作；并不是学一套说辞，然后像个小学生似的反复念叨——"不要命名""不要命名"。要了解其中全部的含义，一路追踪到底，体验它，观察头脑怎样工作，因而走到不再命名的那一步，意思就是，不再有一个有别于思想的中心——显然，这整个过程就是真正的冥想。

当头脑真正安静下来，那不可测度的境界才有可能出现。任何其他的过程，任何其他对真实的寻求，都不过是自我投射，是自造幻觉，因而是不真实的。但这个过程是艰难的，它意味着头脑不得不时刻觉察内在发生的一切。要来到这一步，从始至终不可以评判或辩护——不是说这是终点。终点并不存在，因为某个非凡的东西仍然在继续。没有承诺。你要去试验，去探究你自己，一层一层深入下去，把那个中心的所有层面都解开，你可以做得很快或者慢腾腾地来。观察头脑的运作过程，观察它怎样依赖词语，观察词语怎样刺激记忆或恢复僵死的经验，给它注入活力，这是相当有意思的。在那个过程中，头脑不是活在未来，就是活在过去。因此不管是对神经学，还是对心理学，词语都意义重大。要了解这些，请不要只听我说或者读本书就算了。他人和书籍都无法让你真正学到。你从书上学到或找到的东西都是不真实的。但你可以体验它，你可以在行动中观察你自己，在思考中观察你自己，看看你是怎样思考的，你是怎样快速地命名心中出现的感觉——对这整个过程的观察，就把头脑从那个中心解脱了出来。那时，头脑安安静静，可以迎接永恒之物。

# 论已知与未知

你不能思考你不知道的东西；你只能思考你知道的东西。

问：我们的头脑只知道已知的东西。我们内心里是什么在驱使我们寻找未知、真实、上帝？

克：你的头脑强烈渴望未知吗？我们内心迫切想了解未知、真实和上帝吗？请认真地思考一下这个问题。这不是单纯地反问，而是要我们真正弄清楚自己的意图。我们每个人内心强烈渴望找到未知吗？有吗？你怎么找到未知？如果你不知道它，怎么找到它？是强烈渴望真实，还是只是渴望被扩张的已知而已？明白我的意思吗？我知道很多事情——它们没有带给我幸福、满足和欢乐。所以现在我想要些别的，那些会带给我更深刻的欢乐、更强烈的幸福、更充足的活力的东西——随便怎么形容。已知，即我的头脑——因为我们的头脑是已知的，是过去的结果——那个头脑能觅得未知吗？如果我不知道真实、未知，我能如何去寻找它？显然它必须自己出现，我不能去找它。如果我去找它，我就只是在找已知之物，那些我自己投射的东西。

我们的问题不在于，我们内心里是什么在驱使我们寻找未知——那是足够清楚的。是我们的欲望，想要更安全、更持久、更稳定、更幸福的欲望，想要逃开混乱、痛苦和困惑的欲望。那就是我们的驱动力，显而易见。如果有那样的驱动力、那样的强烈渴望，你就会在佛陀、基督或政治口号之类的东西上找到称心如意的逃避和庇护。那并非真实；那并非不可探知的未知。因此，对未知的强烈渴望必须终止，对未知的寻求必须结束；意思就是，必须要了解累积的已知，即那个头脑。头脑必须了解它自己，也就是已知，因为那就是它所知道的一切。你不能思考你不知道的东西；你只能思考你知道的东西。

我们的困难在于，头脑没有在已知中前行；只有当头脑了解了自身，了解了它所有的活动都源于过去，都是在通过现在投射向未来，只有那时它才能前行。它是已知的持续运动，那个运动可以停止吗？只有了解了它的运动机制，只有当头脑了解了它自身，了解了它的运作、它的方式、它的目的、它的追求、它的需要——不只是表面的需要，还有内心深处的渴求和动机——那个运动才会停止。这是相当艰难的任务。这不是开一次会、听一次讲座或者读一本书就能弄清楚的。相反，它需要持续地留意、不断地觉察思想的每一个活动——不但觉察你清醒时的活动，而且觉察你睡着时的活动。它必须是一个整体的过程，而不是一个零星的、局部的过程。

还有，意图必须正确。也就是说，认为我们的内心都想要未知，这是迷思，必须结束这样的想法。认为我们都在寻求上帝，这是幻觉——我们并没有。我们不必去追求光明。黑暗不在的时候，光明就在了。我们无法借助黑暗去寻找光明。我们所能做的只是消除那些制造黑暗的障碍，但是否能消除取决于意图。如果你是为了看到光明而消除它们，那你就消除不了任何东西，你不过是在用光明这个词替代黑暗。即使是越过黑暗眺望，也是在逃避黑暗。

我们必须考虑的，并非是什么在驱动我们，而是为什么我们内心充满困惑、混乱、对抗和敌意——生活中的种种愚蠢。当这些不存在的时候，就会有光明；我们不必去追求它。当愚蠢消失，智慧就在了。但一个努力想变得智慧的蠢人，仍然是愚蠢的。愚蠢永远无法产出智慧。只有愚蠢结束，智慧才会出现。一个愚蠢的人，努力想变得智慧、明达，显然永远成不了。要知道什么是愚蠢，我们必须探究它，不只是停留在表面，而要全面、彻底、深入、深刻地探究；我们必须探究愚蠢的各个层面，当愚蠢终止时，智慧就在了。

因此，重要的不是去弄清楚是否存在别的什么——别的比已知更伟大的东西，那些驱使着我们去寻求未知的东西，重要的是去看清楚我们的内心，看清楚是什么在制造混乱、战争、阶级差异和势利心，是什么让我们追求名声、积累学问，通过音乐、艺术等种种途径寻求逃避。显然，如实看到它们，回到我们真实的自我是重要的。从那里出发，我们就可以继续前行。那时抛开已知就相对容易了。当头脑寂静，当它不再向未来投射自我和抱持希望，当头脑真正安静下来，处于深度的宁静之中，未知就出现了。你不需要去寻寻觅觅。你无法邀请它；你可以邀请的只是你已知的东西。你无法邀请未知的客人；你只能邀请你已知的人。你并不知道未知、上帝、真实或不管什么。它必须不请自来。只有当地基打好，当地已犁好，它才能到来，但如果你为了它来而去刻意犁地，你是不会得到它的。

我们的问题不在于怎样发现未知，而是去了解头脑的积累过程，它始终是已知。那是艰巨的任务：需要持续的关注、持续的觉察，其中没有一丝分心、认同和谴责；那就是与实情共处。只有那时，头脑才能静止。再多的冥想和训练都无法让头脑静止，在"静止"这个词的真正意义上。只有风停，才能波止。你无法让水波静止。我们的工作不是追求未知，而是了解我们内心的困惑、混乱和痛苦；然后那个东西就会悄然出现，那其中就有喜悦。

# 论真理与谎言

我们有非常多互相冲突的面具；我们戴上一个合适的面具，而当另一个更有利、更舒服时，就扔掉原先那个。

问：你说过，真理一再重复就变成了谎言，怎么会呢？谎言到底是什么？为什么说谎不对？在我们生活的所有层面，这不是个微妙而意义深远的问题吗？

克：这里包含了两个问题，我们先来看第一个：如果重复一个真理，它怎么就变成了谎言？我们重复的到底是什么？你能重复你的体悟吗？我体悟了某个东西。我能重复它吗？我能描述它，谈论它，但那个体验并非我们所重复的东西，显然是这样吧？我们被困在言辞之中，错失了那个体验的意义。如果你有了一个体验，你能重复它吗？你也许想重复，你有重复的欲望，想重新感受一番，然而你一旦体验过，它就结束了，它无法被重复。可以被重复的只是感觉——相应的那个词带给生活的那种感觉。很不幸，大多数人都是宣传家，我们重复那个词，被困在其中。所以我们靠词语而活，真理反而不被接受了。

比如，我们拿爱的感觉来说。你能重复爱的感觉吗？当你听到"爱你的邻人"这样的话，对你来说那是真理吗？只有当你真正爱你的邻人时，那才是真理；那份爱无法被重复，只有那句话可以被重复。然而，我们大多数人通过重复"爱你的邻人"或者"不要贪婪"之类话而感到幸福、满足。因此，别人的真理，或者你曾经历的某个实际体验，只是通过重复，并不会变成现实。相反，重复阻碍了现实。只是重复某些观念并不会成为现实。

这个问题的困难之处在于，不从对立面来了解问题。谎言并不是与真理对立的东西。我们可以看到所说的东西中蕴含的真理，而不是非此即彼地对立来看，把它看成是一个谎言或一个真理；但是，要看到我们大多数人都人云亦云却不知真义！比如，我们讨论了命名和不命名一种感觉，等等。我肯定，你们很多人会重复它，认为那是一个"真理"。如果那是一个直接的体验，你是永远无法重复它的。你可以谈论它，但如果那是一个真实的体验，当你谈论时，它背后的感觉已经没有了，词语背后的情感内容已经完全消失了。

思考者和思想就是一个例子。对你来说，也许那是个真理，因为你直接体验了它。如果我人云亦云地重复，它就不是真实的，不是吗？——真实，不是虚假的反面，请注意。它不是事实，只是重复，因此没有任何意义。你们看，在重复的过程中，我们树立教条、建起教堂，我们在那里避难。是那个词而不是真理，变成了"真理"。那个词并非那个东西。在我们看来，那个东西就是那个词——那就是为什么我们要非常小心，没有真正地体悟就千万不要人云亦云。如果体悟了什么，你可以与别人讨论它，但词语和记忆已经失去了情感的内涵。因此，如果明白了这一点，在日常谈话中，我们的观点、用词就会改变。

我们在认识自我的过程中寻求真理，所以我们不只是宣传者，了解这一点很重要。通过重复，我们用词语或感觉迷惑了自己。我们被困在幻觉之中。要从中解脱，就必须直接体验。要直接体验，我们就必须在重复和习惯中、在词语和感觉中觉察自我。那份觉察会带来非凡的自由，那样一来，就可能有更新、持续不断的体验，就可能脱胎换骨。

另一个问题是：谎言到底是什么？说谎为什么不对？在我们生活的所有层面，这不是个微妙而意义深远的问题吗？什么是谎言？就是矛盾，不是吗？自相矛盾。我们可以有意或无意地矛盾；它既可以是故意的，也可以是无意的。矛盾可以是非常非常难以察觉的，也可以是显而易见的。如果矛盾中的分裂非常严重，我们要么变得不平衡，要么就是意识到分裂，进而着手修复。

要了解这个问题，什么是谎言，我们为什么说谎，我们就必须不从问题的对立面来思考，而是直接探究它。关于我们内心的矛盾的问题，我们可不可以就观察这个问题，而不是竭力去变得不矛盾？检视这个问题的困难之处在于，我们如此轻易地谴责谎言，不是吗？然而，要了解它，可以不要从真理和谬误这样相对的角度来思考问题吗？可以直接思考矛盾吗？我们为什么矛盾？我们身上为什么存在矛盾？我们是不是抱着一种意图，就是要按照一个标准、一个模式来生活——让自己不断地接近一个模式，不断努力成为别人或自己眼中的什么人物？渴望遵循一个模式，不是吗？当我们没有符合那个模式，矛盾就出现了。

那么，我们为什么试图符合一个模式、一个标准、一个近似、一个观念？为什么？显然是为了安稳，为了安全，为了受人欢迎，为了自我感觉良好，等等。这里就埋藏着矛盾的种子。只要我们在接近某个理想，试图成为什么，就必然会有矛盾；必然会有真与假的分裂。我认为这一点很重要，如果你平静地探究它的话。不是说没有真假之分，关键是为什么我们身上存在矛盾？不就是因为我们试图成为什么——成为高贵的、善良的、道德高尚的、有创造力的、快乐的人？这个成为什么的欲望本身，就存在着矛盾——不要成为别的什么。极具破坏性的就是这个矛盾。当我们真的与某个东西彻底认同时，就会自我封闭，就会心存抗拒，也就会导致失衡——这是显而易见的事。

为什么我们身上存在矛盾？我做了什么，不想被发现；我有些想法不合要求，这让我陷入了矛盾，而我不喜欢那样。哪里有近似，哪里就有恐惧，正是这个恐惧引起了矛盾。然而，如果我们不去试图成为什么，就不会有恐惧，不会有矛盾，不会在任何层面出现谎言（不管是有意识还是无意识的谎言）——某些被压抑的东西，某些被彰显的东西。我们大部分的生活都是些情绪和姿态，根据情绪，我们摆出姿态——这就是矛盾。当情绪消失，我们还是老样子。真正重要的就是这个矛盾，而不是你是否讲了个善意的谎言。只要这个矛盾存在，就一定会有一种肤浅的生活，因而会有肤浅的恐惧需要保护防守起来——然后便会有善意的谎言——你知道，诸如此类的种种就来了。我们来看看这个问题，我们不问什么是谎言、什么是真理，而是撇开这些对立，直接探究我们身上的矛盾——这相当困难，因为我们太过依赖感觉，我们大部分的生活都是矛盾的。我们依赖记忆，依赖观点；我们有许许多多试图掩盖的恐惧——这一切都制造了我们内心的矛盾；当那个矛盾变得无法承受，人就会发疯。我们想要和平，可我们所做的一切却都在制造战争，不仅家庭中有战争，家庭外也有战争。我们不去了解是什么导致了冲突，却只是努力变得越来越这样或那样，变到相反的那一面，因此就制造了越来越严重的分裂。

为什么我们内在有矛盾，这个问题能不能这样来理解——不只是停留在表面，而是更加深入，深入心理？首先，我们意识到自己过着矛盾的生活吗？我们想要和平，却都是民族主义者；我们想避免社会灾难，然而人人却都是个人主义者，局限而自我封闭。我们一直生活在矛盾中。为什么？难道不是因为我们是感觉的奴隶吗？这个问题不需要你否认或承认。这需要对感觉的内涵，也就是欲望，进行深入的了解。我们想要非常多的东西，全都彼此矛盾。我们有非常多互相冲突的面具；我们戴上一个合适的面具，而当另一个更有利、更舒服时，就扔掉原先那个。正是这种矛盾的状态制造了谎言。与之相对的是，我们制造了"真理"。但显然真理并不是谎言的对立面。有一个对立面的东西，并不是真理。在对立面中，包含着与它对立的东西，因此那并不是真理。要非常深入地了解那个问题，我们必须觉察生活中所有的矛盾。当我说"我爱你"，与之相伴的是嫉妒、羡慕、焦虑、恐惧——那就是矛盾。必须了解的就是这样的矛盾，只有觉察到它，才能了解它，觉察而不带任何谴责或辩护——只是观察它。要被动地观察它，我们就必须了解辩护和谴责的整个过程。

被动地观察事物，并不是一件容易的事。但在了解的过程中，我们就会开始明白自己的感觉和思考的整个过程。当我们觉察到内心矛盾的全部意义，就会带来巨大的改变：你就是你自己，而不是某个你想要成为的人。你不再追随理想，寻求幸福。你就是你本来的样子，从这一点开始，你就可以继续前进。那时候，就不可能有矛盾了。

# 论上帝

因为我们没有爱，因为我们不快乐，我们才寄望于他物，以为它们会带给我们快乐。

问：你已经领悟了真相。你能告诉我们上帝是怎样的吗？

克：你怎么知道我领悟了？要知道我已经领悟，你也必须已经领悟。这可不是个狡黠的回答。要了解什么，就必须与它有关联。你必须自己也有此体验，因此你说我已经领悟显然并没有意义，我是否领悟重要吗？我正在说的难道不是真相吗？就算我是最完美的人，如果我说的不是真相，你为什么要来听我说呢？显然我的领悟与我所说的毫无干系。我们因为有些人已经领悟而崇拜他们，这实际上是崇拜权威，因此永远也发现不了真理。了解什么被领悟了和了解那已经领悟的人都毫不重要，不是吗？

我知道，整个传统都在说，"与悟者同行"。你怎么知道他已经领悟了呢？你能做的就是与他同行，但在如今这也已经非常困难。真正意义上的善者——即那些不追寻、不求取的人已经很少了。那些有追求的人都是剥削者，因此任何人想找到一个值得爱的同伴都是非常困难的。

我们将那些已经领悟的人理想化，我们希望他们会带给我们一些什么，这是一种错误的关系。如果没有爱，这个已经领悟的人要怎样交流？那就是我们的困难之处。在我们所有的讨论中，我们并不真的关爱彼此，我们疑心重重。你们想要从我这里得到些什么，知识、领悟，或者你想与我在一起，这一切都表示你没有爱。你想得到什么，于是你就出去剥削。如果我们真的关爱彼此，就会有即刻的交流。那时候，你是不是已经领悟，而我是不是尚未领悟，或者你的境界是高还是低，这些都不重要了。因为我们心灵枯萎，上帝才变得举足轻重。也就是说，你想要了解上帝，是因为你的心中已不再有歌，于是你就追求起歌星，请求他教你怎样唱歌。他可以教你技巧，但技巧不会带给你创造力。只是知道怎样唱歌，并不能让你成为音乐家。也许你知道所有的舞步，但如果你的心中没有创造力，你就只是一部机器。如果你的目标只是达成一个目的，你就不可能爱。不存在理想这个东西，因为那只是一个成就。美不是成就，它是现实存在，就在此刻，不在明日。如果有爱，你就会了解未知，就会明白什么是上帝，不需要任何人告诉你——那就是爱的美。它本身即是永恒。因为没有爱，我们才想要别人或上帝带给我们爱。如果我们真的爱过，你知道世界会变得多么不同吗？我们会是真正快乐的人类。因此，我们不会把我们的快乐寄望于物品、家庭和理想中。我们会快乐，因此物品、他人以及理想就不会主导我们的生活。它们都是次要的东西。因为我们没有爱，因为我们不快乐，我们才寄望于他物，以为它们会带给我们快乐，而我们所寄望的其中一个就是上帝。

　　你想要我告诉你真相是什么。那难以言说的东西可以形诸语言吗？你能测度那不可测度之物吗？你能把风抓在手中吗？如果抓住了，那还是风吗？如果你测度那不可测度之物，那是真相吗？如果你明确地表达它，那是真相吗？显然不是，你一旦描述那不可描述的东西，它就不再是真相了。你一旦把未知转译成已知，它就不再是未知。然而那却是我们在渴求的。我们一直想要知道，因为那时，我们就能继续，我们认为那时我们就能，就能抓住终极的快乐，抓住永恒。我们想要知道，因为我们不快乐，因为我们在痛苦挣扎，因为我们已筋疲力尽，已退化衰败。然而，我们没有认识到这个简单的事实——我们已退化衰败，我们无聊、疲惫、混乱——相反，我们想要从已知进入未知，那未知一样会沦为已知，因此我们就永远发现不了真相。

因此，与其问谁已领悟或者上帝是什么，不如去全身心地关注实情？那时你就会发现未知，或者它会自己出现。如果了解了什么是未知，你就会体验到非凡的寂静，它不是引导或强加而来的，那是一种创造性的空无，唯有真相可以进入。那些正在成为什么、正在为什么奋斗的人无法体验到它，只有本然存在，了解实情的人才能体验它。那时你就会看到真相并不在远处，未知并非遥不可及，它就在实情中。就像答案就在问题中，真相就在实情中；如果我们可以了解它，就能明白真理。

要觉察迟钝、贪婪、有害的意志力、野心等，是相当困难的。觉察实情这个行为本身就是真理。带来解放的是真理，而不是追求自由的努力。因此真相不在远处，但我们却把它推得远远的，因为我们试图把它当成自我延续的途径。它就在此地、此刻，就在当下。永恒或无始无终就是当下。一个被困在时间之网的人是无法了解当下的。要把思想从时间中解脱出来需要行动，但我们的心懒散、怠惰，因此一直制造其他的障碍。只有正确的冥想才可能做到，这意味着彻底的行动，而不是持续的行动。

只有明白延续的过程即记忆，才能明白彻底的行动——记忆不是指实用记忆，而是指心理记忆。只要记忆在运作，我们就无法了解实情。但如果我们领会了终结的意义，我们的心、我们的整个存在就会变得极具创造力，极其敏锐，因为在终结中就有重生，而在延续中只有死亡和腐败。

# 论即刻的领悟

只是拖延，只是准备接受明日的领悟，会阻碍你自己了解当下的东西。

**问**：没有任何预先的准备，我们能即刻领悟你所讲的真理吗？

**克**：你指的真理是什么？如果不清楚一个词的意思，我们就不要用。我们可以用个简单一点儿的词，一个更直接的词。你能直接了解和领会一个问题吗？你问的就是这个意思，不是吗？你能即刻了解实情吗，就在此刻？在了解实情的过程中，你就会了解真理的意义，但说什么我们必须了解真理，这是毫无意义的。我们能直接、充分地了解一个问题并从中解脱吗？这就是你的问题里所蕴含的意思，不是吗？你能即刻了解一个危机、一个挑战，看到它所有的意义并从中解脱吗？你所领悟的东西不会留下痕迹，因此领悟或真理就是解放者。你能现在就从问题和挑战中解放出来吗？生活就是一连串的挑战和回应，不是吗？如果你对一个挑战的回应是被制约的、局限的、不充分的，那挑战就会留下痕迹、残渣，将来会被另一个新的挑战进一步强化。所以，残留的记忆、积累和伤痕不断叠加，你带着所有的伤痕处理新的情况，因此从未处理好它。因此你从未领悟，从未从任何挑战中解放出来。

问题就在于，我是否能充分、直接地了解一个挑战，体会它全部的意义、芬芳和深度，体会它的美、它的丑，因此从中解脱。挑战永远是新的，不是吗？问题永远是新的，不是吗？举例来说，你昨天的问题在你今天的处理中就出现了变化，因此它还是新的。但你带着陈旧的心智在处理它，因为你没有转变，只是修改了一下自身的想法。

　　让我换个说法。我昨天遇到你。与此同时，你已发生了改变。你经历了改变，但我仍然对你抱着昨日的印象。我带着昨日的印象面对今日的你，因此我就不了解你——我只是了解我昨日得到的关于你的印象。如果我想了解你，一个已经发生变化的你，我就必须清除昨日的印象，必须从昨日的印象中解脱出来。换句话说，要了解一个挑战、一个永远常新的挑战，我也必须重新面对，必须没有任何昨日的残渣，所以我必须向昨日告别。

　　说到底，什么是生活？那是恒久常新的东西，不是吗？那是始终在经历变化、创造新的感觉的东西。今日永远不同于昨日。那就是生活的美。你我能重新面对每一个问题吗？当你回家，你能重新面对你的妻子和孩子吗？你能重新面对挑战吗？如果你背负着昨日的记忆，就没法这样做。因此，要了解一个问题、一段关系的真相，你必须焕然一新地面对它——不是什么"开放的心态"，那是没有意义的。你必须抛开昨日记忆的伤痕——这意味着，当每个挑战来临，去觉察来自过往的所有反应，通过觉察昨日的残渣、记忆，你会发现无须努力它们自然消失了，你的头脑因此就焕然一新。

　　没有准备，我们能即刻领悟真理吗？我认为能——这不是出于我的臆想，也不是出于某些幻觉；去做个心理实验，你就会知道。随便拿一个挑战、一件小事情来实验，不必等待大的危机，看看你是怎样应对的。觉察它，觉察你的反应、你的意图、你的态度，你就会了解它们，了解你的背景。我向你保证，如果你全身心投入，就能立刻领会。如果你在寻求你的背景的全部意义，它就会释放出它的意义。然后，你会一下子发现了真相，领悟了问题。领悟是即刻的，当下的，它永远是无始无终的。即使它也许明天才出现，仍然是当下的。只是拖延，只是准备接受明日的领悟，会阻碍你自己了解当下的东西。显然，你可以直接了解当下的东西，不是吗？要了解实情，你必须不受干扰，不被分心，你必须全身心投入。它必须是你那一刻唯一的、全部的兴趣。然后，实情就会带给你它全部的深度、全部的意义，然后，你就从那个问题中解脱了。

如果你想了解真理，比如，了解财物的心理意义，如果你真的想直接、即刻地了解它，你要怎样着手？显然，你必须感同身受那个问题，你必须不畏惧它，在你和问题之间，必须没有任何教条、任何答案。只有在你和问题产生直接的联系时，才会发现答案。如果你引入一个答案，如果你做出判断，如果你心理上不感兴趣，那你就会拖延，你就会准备明天才去了解那只能当下了解的东西。因此你就永远无法了解。了解真理无须准备；准备意味着时间，时间不是了解真理的工具。时间即延续，真理却是无始无终，与延续无关。了解无关延续，它一刻接着一刻，不留余痕。

恐怕我把这个问题说得太艰涩了，是不是？但其实它是很好理解的，如果你能去试验一下的话。但你要是神游梦中，冥想以对，它就难乎其难了。如果你我之间没有屏障，我就能了解。如果我向你敞开，我就能直接了解你——敞开不是一个时间的问题。时间能让我敞开吗？准备、体系、规训会促使我向你敞开吗？不会。促使我向你敞开的，是我想了解的意图。我想要敞开，因为我没什么好隐藏的，我不害怕。因此我就敞开了，因此就有了即刻的交流，真理也就即刻显现。要迎接真理，了解它的美，明白它的喜悦，必须有即刻的感受，必须不被理论、恐惧和答案所遮蔽。

# 论简单

简单不是你可以追求和体验的东西。正如一朵花适时绽放，当每个人懂得了生活和关系的整个过程，简单就在了。

**问**：什么是简单？那意味着非常清晰地看到事情的本质，撇开其他的一切吗？

**克**：我们来看看简单不是什么吧。不要说什么"那是负面的"，或是"告诉我们正面的东西吧"。这是不成熟、不经思考的反应。那些提供"正面"法门的人是"剥削者"。他们提供给你想要的东西，从而剥削你。我们不做那种事情。我们想要弄清楚简单的真相。因此，你必须摒弃种种观念，把它们抛在脑后，重新观察。拥有很多的人，害怕外在和内在的革命。

让我们来弄清楚什么不是简单。一颗复杂的心不会简单，不是吗？聪明的头脑也不简单；一颗挂碍结果、回报、畏首畏尾的心，不是简单的，不是吗？一颗背负知识的心不是简单的；一颗受制于信仰的心不是简单的，不是吗？一颗认同某些崇高之物并努力保持那种认同的心，不是简单的，不是吗？我们觉得，只拥有一条或两条缠腰布就是简单，我们要简单的外在表现，我们轻易被那些表演所欺骗。大富翁崇拜弃世者，原因就在于此。

　　什么是简单？简单是舍弃非本质的东西，追求本质吗——意味着一个选择的过程？不就意味着选择吗——选择本质，舍弃非本质？这个选择的过程是怎样的？那个作出选择的本体是什么？头脑，不是吗？你叫它什么不重要。你说："我会选这个，它是本质。"你怎么知道什么是本质？你要么有一个别人说过的模式，要么是你自己的经验告诉你有些东西是本质。你的经验靠得住吗？你选择的时候，你的选择是基于欲望的，不是吗？你所谓的"本质"就是让你满意的东西。所以你又落入了同样的过程，不是吗？一颗困惑的心会选择吗？如果它做出了选择，那选择必定也是困惑的。

　　因此，在本质和非本质之间选来选去，那并非简单。那是冲突。陷于冲突困惑的心，永远简单不了。当你舍弃，当你真正观察并看清这所有虚假的东西，看清头脑的伎俩，当你看到它，意识到它，那时你自己就会知道什么是简单。一颗被困在信仰中的心永远不是简单的；一颗受制于知识的心不是简单的；一颗在上帝、女人、音乐上寻求快乐的心，不是简单的心；一颗陷于办公室的常规，陷于仪式、祈祷的心，那样的心不是简单的。简单即行动，不基于观念的行动。但那是非常稀有的东西；那意味着创造。只要不创造，我们就是伤害、痛苦和毁灭的中心。简单不是你可以追求和体验的东西。正如一朵花适时绽放，当每个人懂得了生活和关系的整个过程，简单就在了。因为从未思考过它，观察过它，我们就没有意识到它；我们看重所有的外在形式，以为只有几样东西就是简单，但那并不是简单。简单不能被发现，它不存在于本质和非本质的选择中。只有当自我消失，当我们的心不再被困在推测、结论、信仰和构想中，简单才会产生。只有这样自由的心才能发现真理；只有这样的心才能迎接那不可测度、不可言说的东西。这就是简单。

# 论肤浅

肤浅的心永远不会明白深刻。它可能有渊博的知识、丰富的资讯，它可能念念有词——你知道一颗肤浅的心活跃时的全部装备。

**问：**肤浅的人怎样才能变得认真？

**克：**首先，我们必须意识到自身的肤浅，不是吗？肤浅是指什么？究其本质，肤浅即是依赖，不是吗？依赖刺激，依赖挑战，依赖他人，心理上依赖某些价值、某些经验、某些记忆——这一切不是导致了肤浅吗？如果我每天早晨或每周上教堂，必须依靠这样来提升自己，获得帮助，我不就是肤浅的？如果我需要遵照履行某种仪式来正心诚意或者重新获得曾经有过的体验，我不就是肤浅的？如果我献身于一个国家、一个计划或某个政治集团，我不就是肤浅的？显然这整个依赖的过程，就是一种自我逃避。对崇高之物的认同，即是对自我真相的否认。但我无法否认我的真相；我必须了解它，而不是竭力去认同宇宙、上帝或某个政党之类的。这一切都导致了肤浅的思考，大到世界范围，小到个人，出自肤浅思考的行动永远是有害的。

首先，我们认识到自己正在做这些事情吗？我们没有；我们巧言争辩。我们说："要是不那么做，那要做什么？我会越来越糟糕；我的心会四分五裂。至少现在，我在努力追求更好的状态。"我们越努力，就越肤浅。我首先必须看到这一点，不是吗？那是最难的事情之一——看到自己真实的状态，认识到自身的愚蠢、肤浅、狭隘、嫉妒。如果看到了自己的真相，如果认识到了，我就可以以此为起点。显然，肤浅的心就是逃避实情的心。不逃避需要辛勤的观察，且要脱离惯性。一旦明白自己的肤浅——就已开始了深化的过程——要是我对肤浅不采取任何行动的话。如果你说，"我琐碎，我要探究它，我要全面了解这种琐碎和狭隘的影响"，这时就有了转变的可能。但是，一颗琐碎的心，发现了自身的琐碎后，努力阅读、社交、旅行，像猴子似地动个不停，试图让自己变得不琐碎，那么它依然是琐碎的。

再说一遍，注意，只有正确处理这个问题，才有真正的革命。处理这个问题的正确方式，让你生起非凡的信心，可以令你移动大山——你身上那些偏见和制约的大山。认识到内心的肤浅，却不试图变得深刻。肤浅的心永远不会明白深刻。它可能有渊博的知识、丰富的资讯，它可能念念有词——你知道一颗肤浅的心活跃时的全部装备。然而，如果你知道自己是肤浅的、空虚的，如果你意识到这空虚，观察它所有的活动，不判断、不谴责，那么你很快就会看到，肤浅的东西完全消失了，并不需要你对它采取行动。那需要耐心、警觉，你不能急着想要获得结果和成就。只有肤浅的心才希求成果。

越是觉察这整个过程，你就越能发现心的各种活动；然而，你观察的时候必须不去刻意结束它们，因为你一旦寻求结果，就会再一次困于"我"和"非我"的二元对立中——问题就会继续。

# 论琐碎

当心看到自身的琐碎，完全察觉到它们，于是真的安静下来——只有那时，那些琐碎才有消失的可能。

**问**：心应该被什么占据？

**克**：想知道冲突是怎样形成的，这就是个非常好的例子——应然和实然之间的冲突。首先，我们确立一个应该怎样的想法，确立一个理想，然后就努力按照那个模式生活。我们说，心应该被高贵、无私、慷慨、良善和爱所占据。那就是模式、信仰、应然、必然，我们努力照此生活。所以，在应然的投射和现实、实然之间存在着一套冲突，我们希望通过冲突得到转变。只要我们挣扎于应然，我们就感到自己是善的，是好的，但哪个更重要：应然还是实然？我们的心被什么占据——不是理想的状态，而是事实上被什么占据？被琐事占据，不是吗？被长相、野心、贪婪、嫉妒、闲话和残忍占据。心活在琐碎的世界中，一颗琐碎的心所制造出来的高贵模式，也仍然是琐碎的，不是吗？问题不在于心应该被什么占据，而是心能不能从琐碎中解脱？如果有那么一点儿意识、有那么一点儿质疑的话，我们都清楚自己特定的琐碎：没完没了的谈话，喋喋不休的头脑，担心这个担心那个，探听别人在做什么没在做什么，努力达成目标，追求自我扩张，等等。我们被什么占据，我们知道得很清楚。可以转变吗？那就是问题，不是吗？去询问心应该被什么占据，这说明你不成熟。

那么，意识到我的心很琐碎，被琐事占据，那它能从这种制约中解脱吗？心，究其本质，不就是琐碎的吗？不就是记忆的结果吗？关于什么的记忆？关于怎样生存的记忆，不仅包括物质层面的生存，还包括心理层面的扩张，发展某种品质、美德，积累经验，在各种心识活动中确立自我。那不就是琐碎？心，是记忆的结果、时间的产物，其本身就是琐碎的。它要怎样才能从自身的琐碎中解脱出来？它可以做什么吗？请看到这个问题的重要性。以自我为中心运作的心，可以从这种活动中解脱出来吗？显然，它做不到；不管它做什么，都是琐碎的。它可以思索上帝，它可以构想政治体系，它可以创建信仰；但它仍然被困在时间的领域里，它的改变仍然是从记忆到记忆，它始终陷于自身的局限。心能打破那种局限吗？还是当心静下来，当它不再活跃，当它认识到自身的琐碎，不管把这些琐碎想象得如何伟大，那种局限就不攻自破了？当心看到自身的琐碎，完全察觉到它们，于是真的安静下来——只有那时，那些琐碎才有消失的可能。只要你还在琢磨心应该被什么占据的问题，它就会被琐碎所占据，不论兴建教堂也好，祈祷也好，还是礼拜也好。心本身就是狭小琐碎的，但只是这样说一说，并没有消除它的琐碎。你必须去了解它，心必须认识到自身的活动，在那个认识的过程中，在对有意无意形成的琐碎的觉察中，它就变得安静了。在那种安静中，就有一种创造性的状态——那就是实现转变的因素。

# 论静心

孤立并非静心。藏身于一个观念或避开那些使生活变得复杂的人，并不能让心安静。

**问：**你为什么谈静心？这种静是怎样的状态？

**克：**要想了解任何东西，心不是必须静下来吗？如果我们有什么问题，就会一直挂碍于心，不是吗？我们探究它，分析它，把它细细分解，希望能够了解它。那么，我们是通过努力、分析、比较，通过各种智力探索获得了解的吗？显然，只有心非常安静的时候，才能了解事物。我们认为，我们越是奋力解决饥饿、战争或其他人类问题，越是陷入与它的冲突之中，我们就越了解它。那么，事实真的如此吗？战争绵延了千百年，个人与个人的冲突，社群与社群的冲突，内心的战争与外部世界的战争，一直都存在。依靠进一步的冲突、挣扎、聪明的努力，我们解决了战争、解决了冲突吗？还是，只有当我们直接面对问题，面对事实时，才能了解问题？只有心和事实之间没有干扰性的焦虑，我们才能直面事实。所以，如果我们意在了解，心安静下来不是很重要吗？

你一定会问："心怎样才能静下来？"你立即就会这样反应，不是吗？

你说："我的心焦虑不安，怎样让它静下来？"有任何体系可以让心安静吗？有任何方法、戒律可以让心静止吗？有的。但如果心是被迫静下来的，那还是安静吗？那还是静心吗？还是心只是被一个观念、一个方法、一句箴言给束缚了？这样的心是僵死的，不是吗？那些追求所谓的灵性的人，为什么他们都毫无活力，原因就在这里——因为他们练习静心，他们用静心的方法束缚了自己。显然，那样的一颗心永远静不下来；它只是被抑制了，被强压了下来。

心静才能了解，要想了解你，我必须静下来，我不能针锋相对，不能怀有偏见，我必须抛开所有的结论、所有经验与你素面相对，如果明白了这个真理，心就会静下来。当心从制约中解脱，只有那时我才能了解。当我看到其中的真相，心就静下来了——那时就不存在怎样让心安静的问题。只有真相才能让心从自己的思维建构中解脱；要看到真相，心必须认识到这个事实，即只要它不安，就无法了解和领悟。心的静定不是意志力和有预谋的行动的产物，如果是，那样的心就是封闭的、孤立的，那是一颗僵死的心，因此不灵活、不柔韧、不敏捷。那样的心没有创造力。

那么，我们的问题就不在于怎样让心静下来，而是如实看到每一个问题所呈现给我们的真相。这就像风停则水波自止。我们的心焦虑不安，是因为我们背负问题；而我们静心，就是为了逃避问题。现在，心投射出这些问题，所有的问题都与心有关；然而，只要投射任何有关敏感的概念，练习任何静心的方法，心就永远静不下来。当心认识到只有静下来，才能有领悟——它就变得非常安静。那种安静不是强迫所致，不是规范而来，那样的安静是一颗不安的心所无法了解的。

很多寻求静心的人从积极的生活中隐退，住进乡村、寺庙和深山里，

躲入观念之中，藏身于一个信仰，或避开那些带给他们麻烦的人。这种
孤立并非静心。藏身于一个观念或避开那些使生活变得复杂的人，并不
能让心安静。当我们不再在累积中孤立自我，而是去全面地了解关系的
整个过程，心才能静下来。累积让心老化，当心崭新、鲜活，不做累积
的时候——只有那时才有静心的可能。那样的心不会死气沉沉，它是极
其活跃的。安静的心就是最活跃的心，如果做个实验，深入探究它，你
就会看到，在安静中，没有任何思想的投射。思想，在所有的层面上，
显然就是记忆的反应。思想永远不能处于创造的状态——它也许表达创
意，但思想本身绝不会创造。当心安静下来，心的那种安静不是一个结
果，我们就会看到，在那样的安静中，存在着一种非凡的活动，一种被
思想干扰的心所永远无法了解的非凡的活动。在那种安静中，没有规则，
没有观念，没有记忆。那种安静就是一种创造的状态，只有彻底了解"我"
的整个过程，才能体验到那样的状态。否则，静心并无意义。那种安静
不是一个结果，只有在那样的安静中，才能发现超越时间的永恒。

# 论生活的意义

生活本身不就是其目的和意义吗？我们为什么想要更多？

**问**：我们活着却不知道为了什么。对绝大多人而言，生活似乎没有意义。你能否告诉我们生活的意义和目的？

**克**：现在你为什么问这个问题？你为什么要我告诉你生活的意义、生活的目的？我们所谓的生活是指什么？生活有一个意义、一个目的吗？生活本身不就是其目的和意义吗？我们为什么想要更多？因为我们很不满意自己的生活，我们的生活太空虚、太庸俗、太单调，日复一日做着相同的事情，我们想要更多，想要一些超越我们正在做的事情的东西。由于我们的日常生活太空洞、太乏味、太没有意义、太无聊、太愚不可及，我们就说生活必须有一个更圆满的意义，这就是你问这个问题的原因。显然，一个人如果活得丰沛富足，如果他如实看待事物并且乐天知足，就不会困惑迷茫；他清醒明达，因此不会问什么是生活的目的。对他来说，生活本身既是起点又是终点。我们的困难正在于此。因为我们生活空虚，就想为它找一个目的并为之奋斗。这种生活的目的，只能是一种心智的臆想，与现实毫不沾边。一个愚蠢迟钝的头脑、一颗空虚的心灵所追求的生活的目的，必然也是空虚的。因此我们的目的在于怎样令生命富足，不是用钱之类的外物；我们要的是内在的富足，但不是一些神神秘秘的东西。如果你说生活的目的是快乐，是寻找上帝，显然那个寻找上帝的欲望就是对生活的一种逃避，而你的上帝只是一个已知之物。只有你已知的东西，才可以寻而觅之。如果你修筑一个阶梯通向你所谓的上帝，显然那并不是上帝。真相只能在生活中去了解，逃避是不行的。如果你寻求一个生活的目的，实际上就是在逃避生活，而不是了解生活。生活就是关系，生活就是在关系中行动；如果不了解关系，或者关系陷入混乱，我就去寻找一个更圆满的意义。为什么我们的生活如此空虚？为什么我们这么孤独，这么失意？因为我们从未审视过自己、了解过自己。我们从未对自己说，这个生活就是我们所知的一切，因此我们需要透彻、全面地去了解它。我们更喜欢躲开自己，那就是我们脱离关系去寻求生活的目的的原因。如果我们开始了解行为，即我们与他人、财物、信仰和观念的关系，就会发现关系本身就是回馈。你不必去寻觅。就像寻觅爱，寻寻觅觅会找到爱吗？爱无法被培养。你只能在关系中找到爱，而不是在关系之外。因为我们没有爱，所以才想要一个生活的目的。如果有爱，爱本身就是永恒，就不必寻找上帝，因为爱就是上帝。

因为我们满脑子都是些技术术语和迷信的嘟囔，我们的生活才变得如此空虚，才会去寻求一个超越自我的目的。要找到生活的目的，我们必须穿越自我这扇门。我们在有意无意地逃避，不想面对事物本身的真相，所以我们想要上帝来为我们打开那扇超越之门。只有那些没有爱的人，才会问生活的目的这种问题。你只能在行动中发现爱——行动即关系。

# 论困惑

一颗困惑的心，满溢悲伤，尽是一己的空虚与孤独，这样的心永远找不到那个超然其外的东西。

问：你的讲座我都听过，你的书我都看过。我最想问的是，如果如你所说，思想都必须停止，知识全要废除，记忆一概抹去，那我的生活还能有什么目标？那种状态，不管你确切的意思是什么，它与我们所生活的世界要怎样产生联系？那种状态与我们目前悲哀而痛苦的生活有什么关系？

克：我们想知道，当所有的知识消失，当识别者消失，那个时候特有的状态是怎样的；我们想知道，那种状态与我们的日常生活、日常追求有什么关系。我们清楚我们此刻的生活状态——悲伤、痛苦、恐惧无尽、万事无常，我们对此一清二楚。我们想知道，这种状态与那种状态有什么关系——如果我们抛开知识，从记忆中解脱，如此等等，那生存的目的又是什么。

我们目前所熟悉的生活有什么目的？——不是理想的目的，而是实际的目的？我们每天的生活有什么目的？只是生存罢了，不是吗？——

它充满了苦难、忧伤、困惑、战争、破坏……我们可以创建理论，我们可以说："不应该这样，应该是另外的样子。"但那些说辞都是理论，不是事实。我们所知道的，就是困惑、痛苦、苦难、无休止的敌对。倘有丝毫觉知，我们也知道这种状况是怎样造成的。每一刻，每一天，生活的目的就是彼此毁灭、彼此剥削，不是个体与个体之间如此，就是集体与集体之间也如此。在我们的寂寞、痛苦里，我们试图利用他人，我们试图逃避自我——借助娱乐，借助神灵，借助知识，借助各种信仰和意识形态。不管有没有意识到，那就是我们当下生活的目的。有没有一种更深刻、更宽广的目的，一种与困惑无关、与获取无关的目的？那种毫不费力的状态，与我们的日常生活有任何联系吗？

显然，那与我们的生活没有任何联系。怎样能够有联系？如果我们的心困惑、痛苦、寂寞，它又怎样和与它无关的东西发生联系？真相怎样和谬误与幻象产生联系？我们不想承认那一点，由于心中的希望和困惑，我们相信某些更伟大、更尊贵的东西与我们是有关的。我们在绝望中寻求真理，希望找到真理，让绝望消失。

所以，我们可以看到，一颗困惑的心，满溢悲伤，尽是一己的空虚与孤独，这样的心永远找不到那个超然其外的东西。只有当困惑和痛苦的起因被消除或者被了解，那个超然之物才会出现。我所讲的、所谈的一切，全是关于怎样了解我们自己。因为没有自我了解，那个东西是不会出现的，而其他的皆是幻象。如果能了解自我的整个过程，一刻接着一刻，我们就会看到，在厘清困惑的过程中，那个东西就在了。然后，那份体验就会与现存的这个生活产生联系。但这个生活与它永远没有关系。在窗帘的这一边，在黑暗中，我们怎么可能体验到光，体验到自由？

然而，你一旦体验到真理，就会将它与我们生活的这个世界联系起来。

如果我们从来不知道爱是什么，只知道无休止的争论、痛苦、冲突，又怎么可能体验到与这一切无关的爱的状态？然而，一旦体验到那种状态，我们就不必费力去找到联系。那时，爱、智慧就会起作用。但是，要体验那种状态，一切知识、累积的记忆、自我认同的活动都必须停止，那样一来，各种感官投射就会失效。那时，体验到那种状态，就会在世间行动。

显然，生活的目的就在于——超越自我中心。体验到那样的状态，一种头脑无法测度的状态，那种体验本身就会带来内在的革命。然后，如果有爱，就不会有社交问题。有爱，就不会有任何问题。因为不知道怎样去爱，我们才有社交问题，才有一套又一套的哲学体系教我们怎样处理问题。我认为，这些问题永远无法依靠任何体系获得解决，不管是左派的体系、右派的体系，还是中间派的体系。当我们能体验到那种状态，一种不是自我投射的状态，只有那时，我们的困惑、痛苦和自我毁灭才能获得解决。

# 论转变

你无法用混乱来缔造秩序。你不能故意制造混乱，却希望从中缔造秩序。

**问：**你所谓的"转变"是指什么？

**克：**显然，必须发生一场根本的革命。这个危机重重的世界需要，我们的生活需要，我们日常的事务、追求、焦虑需要，我们的问题需要。必须发生一场根本上的革命，因为我们周围的一切在崩塌。表面上，一切似乎还秩序井然，实际上已在慢慢腐败、毁坏：毁坏之波在不断地席卷我们的生活。

所以，必须有一场革命——但不是基于观念的革命。这样的革命只是观念的延续，而不是根本的转变。基于观念的革命导致流血、破坏和混乱。你无法用混乱来缔造秩序。你不能故意制造混乱，却希望从中缔造秩序。你并不是被上帝选中的那个人——要来从混乱中建立秩序。那些人，不断制造混乱却指望由此实现秩序，他们的思路实在大错特错了。他们以为一旦得到权力，他们就会知道建立秩序的一切方法。看到这整个灾难——战争不断发生，阶级之间、人与人之间冲突不止，经济和社会方面的严重不平等，才能和天赋的不平等，那些非常幸福、稳定的人和那些被困在仇恨、冲突和痛苦中的人之间的鸿沟——看到这一切，你就知道必须有革命，必须有彻底的转变，不是吗？

这转变、这根本的革命是一个最终的结果，还是一刻接一刻发生的事情？我知道，我们喜欢把革命弄成一个最终的结果，因为把它当成一个遥远的目标更容易思考。我们最终会转变，我们最终会幸福，我们最终会找到真理；但同时，让我们继续我们的日子。显然，这样的心智，从未来出发思考问题的心智，是无法在当下行动的；因此这样的心智并没有在寻求转变，它不过是在逃避转变。我们所指的转变是什么意思？

转变不在未来，绝不会在未来。它只能在当下，一刻接着一刻。所以，我们所谓的"转变"是什么意思？显然，很简单：假的就是假的，真的就是真的，如实对待。看到假象中的真相，看到假象被当成了真相。如实对待真相和假象即是转变。因为当你非常清楚地看到真相，那个真相就得到了释放。当你看到假的东西，它就会离开。当你看到仪式只是徒然重复，当你看到其中的真相，不将它合理化，这当中就有转变，不是吗？因为又一个束缚消失了。当你看到阶级界限是不对的，它会引发冲突，制造分裂、带来不幸——当你看到其中的真相，那个真相本身就得到了释放。了解真相即是转变，不是吗？既然我们周围充满假象，一刻接一刻地察觉假象就是转变。真理不是累积而成的，它就在每一刻当中。那些可以累积的，是记忆，借助记忆你永远找不到真相，因为记忆与时间有关——时间即过去、现在和未来。时间，具有延续性，它永远找不到永恒之物；永恒并不是延续。那些会持续的并不永恒。永恒就在此刻，永恒就在当下。当下不是过去的反映，也不是过去经由现在通向未来的延续。

一个渴望在未来转变的心智，一个把转变当作最终结果的心智，永远找不到真相。因为真相一定是在一刻接一刻中到来的，必须被重新发现。通过累积是不会有什么发现的。如果你背负着旧的，怎么可能发现新的？只有卸下旧的，你才能发现新的。要在当下、在一刻接一刻中发现新的、永恒的东西，你必须有一颗极其敏锐的心，不寻求结果，不试图成为什么。一个试图成为什么的心智，永远不知道满足的狂喜，不是自以为是的满足，不是达成结果的满足，而是如实看到真相和假象时的满足。觉察真相是一刻接一刻的，那觉察的一刻会被语言的表达所耽误。

转变不是一个终点，不是一个结果。转变不是一个结果。结果意味着残留，意味着一个因、一个果。有因，就必有果。这个果，只是你渴望转变的结果。当你渴望转变的时候，仍然是在用"成为什么"的角度思考问题。在成为什么的人，永远无法明白当下的现实。真相是一刻接一刻的，延续着的幸福并非幸福。幸福是超越时间的一种状态。那种超越时间的状态，只有在极度不满的时候才会发生，不是那种已找到渠道逃避的不满，而是一种没有出路、无处可逃的不满——那种不满不再寻求成功。只有那时，在那种极度不满的状态中，真相才能存在。真相不能被购买、被出售、被重复；它不能被藏在书本里。它必须被一刻接一刻地发现，在笑中，在泪中，在枯叶下，在漂游的思绪中，在爱的圆满中。

爱与真理并无不同。爱是一种状态，在这种状态中，思维过程，也就是时间，已彻底停止。有爱，就有转变。没有爱，革命毫无意义，因为那时的革命不过是破坏、衰败和愈演愈烈的苦难。有爱，就有革命，因为爱即是一刻接一刻的转变。